Deutsch-Stars Lesetraining: Mit Spaß lesen lernen

Liebe Kinder,

mit diesem Lesetraining könnt ihr selbstständig das Lesen üben:

- im Unterricht, wenn ihr mit euren Aufgaben fertig seid.
- zu Hause, wenn ihr noch mehr üben wollt.

In diesem Heft findet ihr interessante, spannende und lustige Texte. Hier ist bestimmt für jeden etwas dabei!

Und so wird geübt:

- Bearbeite eine Doppelseite.
- Vergleiche deine Arbeit mit dem Lösungsheft und verbessere Fehler.
- Nun darfst du einen Stern hinten in das Heft kleben.
- Auf manchen Seiten findest du Sternchenaufgaben. Diese sind besonders schwierig. Hast du sie richtig gelöst, darfst du dir auf diesen Seiten einen zusätzlichen Stern kleben.
- Wenn du alle Seiten bearbeitet und mit den Sternen das Bild geschmückt hast, bist du ein **Lese-Star**!

Herr Grün begleitet euch in diesem Heft und gibt euch an vielen Stellen Tipps.

Viel Spaß beim Lesenüben!

Hallo Kinder, schön, dass wir zusammen üben. Gemeinsam werden wir viel Freude beim Lesen haben!

Inhaltsverzeichnis

Gerda hat sich zum Schlittenfahren mit Karl, Lisa und Paul
verabredet. Sie will die Kinder am Schlittenberg treffen.
Heute ist ein wunderschöner Wintertag. Als Gerda zum
Schlittenberg kommt, sind dort schon ganz viele Kinder.
Oh je, wo sind nur Karl, Lisa und Paul?
Gerda lässt ihre Augen über den Schlittenberg wandern.
Zum Glück weiß sie, was Paul, Lisa und Karl heute
angezogen haben und wie sie aussehen.

Lisa trägt einen roten Schneeanzug.
Der Schneeanzug hat schwarze Punkte.
Auf dem Kopf hat Lisa eine weiße Bommelmütze.
Lisas Hände stecken in dicken, grünen Handschuhen.
Ihre langen, braunen Haare schauen unter der Mütze heraus.
Außerdem trägt Lisa eine Brille.

Karls Haare sind blond und gelockt.
Karl trägt ein blaues Stirnband.
Er hat einen hellblauen Anorak und eine dunkelblaue
Schneehose an. Seine Hände schützt er durch hellblaue,
dicke Handschuhe vor der Kälte.

Paul hat über seine braunen, kurzen Haare die Kapuze
seines Anoraks gestülpt.
Sein Anorak ist schwarz. Außerdem trägt er eine rote Schneehose.
Auch er hat Handschuhe an. Sie haben dieselbe Farbe wie die
Schneehose.

1 Wo sind Karl, Lisa und Paul? Kreise sie im Bild ein.

Tipp: Suche bei den Witzenden nach Wörtern, die dir Hinweise auf den Anfang geben.

1. **Ordne den Witzanfängen die entsprechenden Witzenden zu. Du erhältst über die Buchstaben ein Lösungswort.**

Witzanfänge

1. In der Schule sind zwei Garderobenhaken angebracht worden. Darüber ein Schild: „Nur für Lehrer!"

2. Fragt der Jeepfahrer in der Wüste: „Wie komme ich ins nächste Dorf?"

3. Lehrer: „Du schreibst total unleserlich! Schreibe bitte in Zukunft deutlicher!"

4. Die Mutter zu ihrem Sohn: „Kannst du bitte schnell den Salzstreuer auffüllen?"

5. Bei einem Zoobesuch sagt die Mutter besorgt zu ihrer kleinen Tochter: „Kleines, geh sofort von dem Löwen weg!"

6. Klein Fritzchen fragt: „Was ist Wind?"

7. Eine Schnecke fragt den Gärtner: „Könnte ich ein paar Salatblätter haben?" Wütend wirft sie der Gärtner über den Zaun.

8. Sagt die Heringsmutter zu ihrem Kind: „Halte dich beim Schwimmen gerade!" „Wieso?", fragt ihr Jüngster.

R Schüler: „Besser nicht. Dann finden Sie ja alle meine Rechtschreibfehler!"

K Ein paar Wochen später hat sie sich wieder zum Gärtner vorgearbeitet. Sie sagt beleidigt: „Sag mal, was war denn das gerade eben?"

E Sagt der Vater: „Das ist Luft, die es besonders eilig hat."

SCH Am nächsten Tag klebt ein Zettel darunter: „Aber man kann auch Mäntel daran aufhängen!"

Z Eine Stunde später kommt der Kleine schluchzend aus der Küche: „Ich schaffe es einfach nicht das Zeug durch die Löcher zu stopfen!"

S Sie antwortet: „Du willst doch wohl nicht als Rollmops enden?"

K Meint die Kleine treuherzig: „Wieso, Mutti? Ich tue ihm doch gar nichts."

E Antwortet der Kamelreiter: „Da fahren Sie immer geradeaus, und nächste Woche biegen Sie rechts ab."

1	2	3	4	5	6	7	8

❶ Mal ist sie leer,
mal ist sie voll,
in jedem Falle ist sie toll,
weil man
so dann und wann
mit ihr viel Töne spielen kann.

❷ Mal ist sie warm,
mal ist sie kalt,
in jedem Falle wird sie alt,
wenn nicht
ein böser Wicht
sie plötzlich doch einmal zerbricht.

❸ Mal ist sie blau,
mal ist sie weiß,
ganz selten ist sie innen heiß,
weil dann
passieren kann,
dass sie zerplatzet irgendwann.

❹ Mal ist sie groß,
mal ist sie klein,
doch meistens ist das innen fein,
weil das,
was nun im Glas,
zuvor in ihrem Innern saß.

Reimschema:

Dies ist ein Gedicht, ⟵ A
erkennst du das nicht? ⟵ A
Es reimt sich sogar, ⟵ B
ist dir das auch klar? ⟵ B

1 Was ist das für ein Gegenstand? _____

2 Wie viele Strophen hat das Gedicht? ___

3 Welche Überschrift würdest du welcher Strophe zuordnen?

Leckere Flüssigkeit	Strophe ___
Vorsicht, Glas kann platzen!	Strophe ___
Interessantes Musikinstrument	Strophe ___
Zerbrechlich	Strophe ___

4 Welchem Reimschema folgt das Gedicht? Kreuze an.

☐ A B A B C   ☐ A A A B B B

☐ A B C C C   ☐ A B A C A

☐ A B B C C C   ☐ A B B C C

5 Im Gedicht heißt es: „doch meistens ist das innen fein".
Was ist mit „das innen" gemeint?

☐ das Glas   ☐ Sauerstoff

☐ Luft   ☐ ein Getränk

6 Welche Wörter stehen so im Text?

☐ zerplatzt	☐ zerplatzet	☐ zerplatzen
☐ Falle	☐ Fälle	☐ Fall
☐ Inneren	☐ Innern	☐ innen
☐ Mahl	☐ mal	☐ Mal
☐ Wicht	☐ Wichtl	☐ Wachtl
☐ kann	☐ wann	☐ dann

Fuchsberg, den 25. Juni 2009

Liebe Tante Clara,

ganz herzlichen Dank für den tollen Fahrradhelm. Ich habe
ihn auch sofort ausprobiert. Er passt ganz genau. Nun kann ich
wieder gut geschützt mit meinem neuen Rad herumfahren.
Mein Geburtstag war ein ereignisreicher Tag. Es kamen
meine besten Freunde. Sie heißen Lukas, Felix, Leon, Elias,
Jonas, Hanna und Sofia.

Nachdem ich alle Geschenke ausgepackt hatte, setzten wir uns
an unseren großen Esstisch. Wie immer hatte Mama meine
Lieblingstorte gebacken: Schokoladentorte mit Kirschen und
Schlagsahne. Anschließend sind wir in den Garten gegangen
und haben Volleyball gespielt. Lukas und Leon hatten mir
das Netz dazu geschenkt. Mama und Papa hatten inzwischen
eine Schnitzeljagd im Wäldchen nebenan vorbereitet. Bevor wir
eine große Schatztruhe fanden, mussten wir verschiedene Aufgaben
lösen und den ausgelegten Zeichen folgen. Wir haben viel gelacht.
Am allerbesten war dann aber doch das Abendessen. Es war
ein wunderschöner Sommerabend. Mit Papa trugen wir trockenes
Holz herbei und errichteten ein Lagerfeuer. Als es richtig glühte,
durften wir vorgekochte Kartoffeln auf Stöcke spießen und sie
im Feuer grillen. Dazu gab es noch Würstchen und Limonade.
Es war wirklich eine tolle Geburtstagsfeier.

Liebe Grüße sendet dir
dein Paul

1 Wie heißt der Ort, in dem Paul wohnt? _____

2 Welche Art von Text schrieb Paul?

☐ Geschichte ☐ Gedicht ☐ Brief ☐ Märchen

3 Wie viele Kinder befanden sich insgesamt auf der Geburtstagsfeier?

☐ 7 Kinder

☐ 8 Kinder

☐ 9 Kinder

Tipp: Unterstreiche alle Kindernamen im Text.

4 Zu welcher Jahreszeit hatte Paul Geburtstag?

☐ Frühling ☐ Herbst ☐ Sommer ☐ Winter

5 Wer schenkte Paul das Volleyballnetz? _____

6 Ergänze den folgenden Satz mit den richtigen Wörtern aus dem Text.

Am allerbesten war dann _____ doch das _____.

7 Nummeriere den Ablauf von Pauls Geburtstagsfeier in der richtigen Reihenfolge.

___ Torte gegessen ___ Gäste begrüßt ___ Holz herbeigetragen

___ Schnitzeljagd gemacht ___ Kartoffeln gegrillt ___ Volleyball gespielt

8 Was hat Mama gebacken?

☐ Schokoladenkuchen mit Kirschen und Schlagsahne

☐ Schokoladentorte mit Kirchen und Schlagsahne

☐ Schokoladentorte mit Kirschen und Schlagsahne

1 **Lies dir alle Fragen und Antworten durch.**

1 Was machst du gerne im Winter?

R Bellen.

2 Weshalb werden die Deckfedern der Ente nicht nass?

S Weil der vorhandene Sauerstoff aufgebraucht wird.

3 Warum erlischt eine Kerze nach einiger Zeit unter einem Glas?

A Weil sie diese mit Fett aus der Bürzeldrüse einfettet.

4 Was können Katzen in der Nacht besonders gut?

C Fliegen.

5 Warum friert Wasser im Winter oft ein?

E Weil es meist zu heiß dazu ist.

6 Was können Hunde besonders gut?

D Schlittschuh laufen.

7 Warum schneit es selten im Sommer?

A Weil es ab 0 Grad Celsius vom flüssigen in den festen Zustand übergeht.

8 Was kann ein Vogel besonders gut?

W Sehen.

9 Warum leben Wale im Meer, obwohl sie Säugetiere sind?

T Weil sie Pflanzenfresser sind.

10 Warum fressen Kühe kein Fleisch?

I Weil sie Kohlendioxid in Sauerstoff umwandeln.

11 Was trinken alle Babys am liebsten?

P Gänge.

12 Was graben Maulwürfe unter der Erde?

E Saiten.

13 Warum brauchen wir Bäume zum Leben?

Z Wegen der hohen Temperaturen auf diesem Kontinent.

14 Warum haben Pferde in der Regel Angst vor Feuer?

H Weil sie sich im Laufe ihrer Entwicklung dem Leben im Wasser angepasst haben.

15 Warum leben Eisbären nicht in Afrika?

T Weil sie Fluchttiere sind.

Oh!

16 Was braucht ein Geigenspieler?

S Milch.

2 **Welche Fragen passen zu welchen Antworten? Ordne zu.**
Trage die richtigen Lösungsbuchstaben ein.

                                                !

___ ___ ___   ___ ___ ___   ___ ___ ___ ___   ___ ___ ___ ___ ___ ___

1   2   3   4   5   6   7   8   9   10   11   12   13   14   15   16

Ich kenn ein wundersames Haus,
da gehn die Leute ein und aus,
die machen manchmal einen Krach,
da hebt sich fast das ganze Dach!

Karl Knallspaß, der vom ersten Stock,
macht Lärm für drei mit seinem Rock.

Frau Bellereiters kleiner Hund
tut jeden Ankömmling gleich kund.

Herr Schafekopf, der Herr ganz unten,
mag gern gesell'ge Kartenrunden.

Im vierten Stock Frau Fühlmichgut
singt viel aus reinem Übermut.

Die Kinder von Familie Schock,
die lachen laut im zweiten Stock.

Und auch im Dachgeschoss ganz oben
will Kleinkind Quirin oftmals toben.

Doch ist es wirklich wundersam,
wenn man recht lärmt so dann und wann?
Zeigt man damit die Freud am Leben,
so kann es doch nichts Bessres geben!

1 **Was will dir das Gedicht sagen?**

☐ Lärm stört andere Menschen, deshalb sollte man sich ruhig verhalten.

☐ Manchmal kann Lärm auch Ausdruck von Lebensfreude sein.

☐ Es ist schlecht, wenn viele Leute unter einem Dach wohnen.

2 **Wer wohnt wo? Schreibe die Namen der Leute in das Haus.**

Dachgeschoss:

_____

4. Stock: _____

3. Stock: _____

2. Stock: _____

1. Stock: _____

Erdgeschoss: _____

3 **Wodurch erzeugen die Personen Lärm? Verbinde.**

Quirin ⊃   ⊂ durch laute Musik

Frau Fühlmichgut ⊃   ⊂ durch den Hund, der sich über Besuch freut

Herr Schafekopf ⊃   ⊂ durch Kinderlachen

Frau Bellereiter ⊃   ⊂ durch Herumtoben

Familie Schock ⊃   ⊂ durch Gesang

Karl Knallspaß ⊃   ⊂ durch Kartenspielen mit anderen Leuten

Grünhausener Tageblatt, Donnerstag, 05. Mai

Gestern gegen 18 Uhr hat ein Unbekannter das Juweliergeschäft in der Räubergasse überfallen.

Der Juwelier Gerd M. wollte soeben den Laden schließen, als ein maskierter Mann ihn mit einer Pistole bedrohte. Der Täter raubte anschließend Waren im Wert von ca. fünftausend Euro. Wahrscheinlich war ihm ein Komplize bei der Flucht behilflich. Der Schmuckhändler blieb unverletzt und konnte die Polizei alarmieren, nachdem der Dieb den Laden verlassen hatte. Die Beamten kamen jedoch zu spät.

Bei dem Räuber handelt es sich um einen sehr großen, schlanken Mann mit tiefer Stimme. Er trug einen schwarzen Overall und schwarze Schuhe. Mithilfe eines blauen Kleinwagens konnte er rasch die Flucht ergreifen.

Sachdienliche Hinweise bitte an die nächste Polizeidienststelle weitergeben.

① An welchem Wochentag geschah der Einbruch? _____

② Wie könnte die Überschrift zu dieser Meldung lauten?

☐ Morgendlicher Einbruch ☐ Überfall in der Räubergasse

☐ Zweitausend Euro gestohlen ☐ Einbruch im Supermarkt

③ Wie könnte der Mann aussehen? Kreuze den richtigen Dieb an.

☐ ☐ ☐ ☐

① **Tobias ist stumm. Er kann nicht sprechen. Welche Fragen kann er nur durch Kopfnicken (ja) und Kopfschütteln (nein) beantworten? Kreuze an.**

☐ Wie geht es dir?

☐ Kannst du sprechen?

☐ Magst du mitspielen?

☐ Spielst du gerne Lego?

☐ Hast du Geschwister?

☐ Wie viele Geschwister hast du?

☐ In welche Schule gehst du?

☐ Warst du schon einmal in Italien im Urlaub?

☐ Hast du ein Haustier?

☐ Welchen Film hast du zuletzt im Kino gesehen?

☐ Wollen wir einmal zum Schwimmen gehen?

☐ Wie verständigst du dich mit deinen Eltern?

☐ Isst du gerne Pizza?

☐ Welches ist deine Lieblingspizza?

☐ Was ist deine Lieblingssportart?

☐ Bist du schon einmal geritten?

☐ Was hast du zu deinem letzten Geburtstag geschenkt bekommen?

☐ Hast du ein Fahrrad?

☐ Was wünschst du dir zu Weihnachten?

☐ Welches Schulfach magst du am liebsten?

☐ Möchtest du etwas zu trinken?

☐ Wollen wir Freunde sein?

☐ Wann treffen wir uns wieder?

> Tipp: Probiere bei jeder Frage Kopfnicken und Kopfschütteln aus. Reicht es als Antwort?

Die beiden Ziegen

Ein schmaler Steg führte über einen tiefen Fluss.
An einem sonnigen Nachmittag wollte eine Ziege
darübergehen. Da sah sie am gegenüberliegenden
Ufer eine weitere Ziege. Auch sie wollte gerade über
den Steg laufen. Die eine wollte hinüber, die andere
wollte herüber. Da rief die erste Ziege: „Bleib stehen!
Ich will zuerst über die Brücke gehen!"
„Das könnte dir so passen!", erwiderte die zweite Ziege.
„Tritt zurück und lass mich durch! Ich bin viel älter als du!"

Jede wollte zuerst hinüber. Keine gab nach. Beide beschimpften
sich lautstark. Sie wurden so zornig, dass sie schließlich gleichzeitig
aufeinander zurannten. Der Steg schwankte und krachte. Die Köpfe
gesenkt, mit den Hörnern voraus, liefen sie wütend gegeneinander.
Sie trafen sich genau in der Mitte des Brückleins, kamen aber nicht
aneinander vorbei.
Vom heftigen Zusammenstoß verloren beide das Gleichgewicht und
stürzten vom schmalen Steg in das reißende Wasser.
Nur mit Mühe und Not konnten sie sich noch ans Ufer retten.

(nach Ludwig Grimm)

① Warum stritten die beiden Ziegen?

- ☐ Weil sie sich nicht leiden konnten.
- ☐ Weil die eine Ziege älter war.
- ☐ Weil keine der beiden nachgeben wollte.
- ☐ Weil sie heute zornig waren.

② Welche von den beiden Ziegen wollte zuerst über den Steg?

- ☐ nur die erste
- ☐ nur die zweite
- ☐ beide gleichzeitig

③ Wo trafen die beiden Ziegen aufeinander?

_____

④ Wie endete der Streit zwischen den Ziegen?

- ☐ Sie ertranken beide im Fluss.
- ☐ Sie stürzten in das Wasser, weil der Steg zerbrach.
- ☐ Sie retteten sich mit Mühe ans Ufer.
- ☐ Sie vertrugen sich wieder.

⑤ Zu welcher Tageszeit trug sich die Geschichte zu?

_____

⑥ Um welche Textart handelt es sich hier?

- ☐ Tiergeschichte
- ☐ Fabel
- ☐ Märchen
- ☐ Sage

7 Welcher Spruch passt zu der Geschichte?

- ☐ Pack schlägt sich, Pack verträgt sich.
- ☐ Wer einmal lügt, dem glaubt man nicht.
- ☐ Wenn zwei sich streiten, freut sich der Dritte.
- ☐ Der Klügere gibt nach.

Als Elsi eines Morgens mit Vater und Mutter im Badezimmer stand,
hatte sie eine Menge Spaß. Nun ging es nämlich bereits morgens
um sieben Uhr ab ins Laschwappenland.

Mutter brauchte nur die Tadbür zu öffnen, schon kam Lrischfuft herein,
die die Zunge verdrehte. Elsi schnappte sich zunächst die Bahnzürste
und schrubbte mit Pahnzasta ihre Zähne sauber. Anschließend wusch
sie ihre Hände unter dem Hasserwahn. Ihr kleiner Bruder Florian
sollte sich die Haare mit Waarhaschmittel waschen. Doch er rief:
„Ich möchte jetzt mein Srühftück essen und nicht Haare waschen!"
Mutter schimpfte daraufhin: „Du Schickdädel, die Waarhäsche ist wichtig,
also halte still!"
Der Streit hatte rasch ein Ende, als Vater den Faarhöhn einschaltete,
um seinen Kockenlopf zu föhnen. Dann war es so laut im Zadebimmer,
dass nicht einmal zu hören war, als Elsi mit dem Wundmasser gurgelte.
Irgendwann schrie Mutter aber ganz laut: „Schalte bitte dieses Gerät aus,
ich möchte die Sadiorendung hören!"

Kurz darauf waren alle ruhig. Mutter lauschte den Tönen aus dem Radio,
Florian zog seinen Pollwullover an, Vater kämmte sich und Elsi wusch sich
mit dem Laschwappen das Gesicht ab.
Wie schön es doch im Laschwappenland war!

Du brauchst jedes verdrehte
Wort nur einmal aufzuschreiben.

1 **Unterstreiche alle verdrehten Wörter im Text.**

2 **Schreibe die verdrehten Wörter <u>richtig</u> auf.**

_____

_____   _____

_____   _____

_____   _____

_____   _____

_____   _____

_____   _____

_____   _____

3 **Welche Wörter sind verdreht? Kreuze an.**

☐ alle Wörter   ☐ zusammengesetzte Wörter   ☐ Tunwörter

4 **Wie müssten die folgenden Wörter
im Laschwappenland heißen?**

Handtuch: _____

Halskette: _____

Wärmflasche: _____

Fußboden: _____

Blumentopf: _____

Gespräch mit Dr. Klaus Oberheiden

Jetzt ist es so weit: Die Schnupfenzeit ist wieder da!
Woher der Schnupfen kommt und was wir dagegen tun können,
das verrät uns Dr. Klaus Oberheiden in einem Gespräch
mit der Morgenpost.

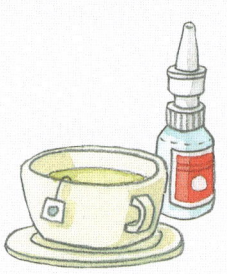

„Herr Dr. Oberheiden, warum bekommen wir eigentlich Schnupfen?"
„Schnupfen bekommen wir durch bestimmte Erreger. Sie heißen Viren
und lauern überall und praktisch zu jeder Jahreszeit auf uns."

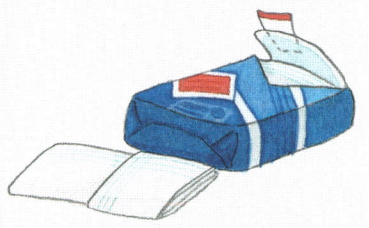

„Wie sehen solche Viren aus?"
„Viren sind so winzig klein, dass man sie selbst mit dem
Vergrößerungsglas nicht erkennen kann. Sie sitzen überall
und gelangen durch Mund und Nase in unseren Körper."

**„Warum bekommen manche Menschen Schnupfen –
andere aber nicht?"**
„Viren können gesunden Menschen nichts anhaben. Wenn wir aber
kalte und nasse Füße haben und über längere Zeit frieren, wird unser
Körper geschwächt. Treffen wir dann auf Viren, haben diese
ein leichtes Spiel. Wir bekommen Schnupfen."

„Verursachen Viren nur Schnupfen?"
„Nein. Oftmals kommen zum Schnupfen
noch Halsweh, Husten oder Fieber hinzu.
Dann sind wir richtig krank."

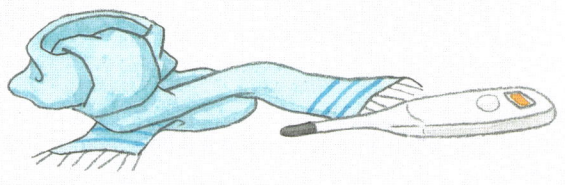

„Können wir uns gegen Viren schützen?"
„Gesunde, vitaminreiche Ernährung stärkt unser körpereigenes
Abwehrsystem. In der kalten und nassen Jahreszeit sollte
außerdem auf Kleidung geachtet werden, die unseren Körper
warm und trocken hält."

„Herzlichen Dank für Ihre Erklärungen und die guten Ratschläge."

1 Um welche Textart handelt es sich hier?

☐ Fragespiel   ☐ Vortrag   ☐ Erzählung

☐ Interview   ☐ Sachtext   ☐ Krankengeschichte

2 Wie heißen die Schnupfenerreger?

☐ Vieren   ☐ Vihren   ☐ Viren   ☐ Veiren

3 Welche Krankheiten kommen zum Schnupfen oftmals noch hinzu?

a) _____   b) _____   c) _____

4 Streiche falsche Aussagen durch.

a) Schnupfen bekommen wir durch bestimmte Erreger.

b) Viren sind gut zu erkennen.

c) Gesunde Menschen können den Viren nichts tun.

d) Durch warme Füße wird unser Körper geschwächt.

e) Vitaminreiche Ernährung stärkt unser Abwehrsystem.

5 Wie gelangen Viren in unseren Körper?

a) durch _____   b) durch _____

6 Was können wir durch gesunde Ernährung stärken?

Das Wort Interview kommt aus dem Englischen und wird „Intervju" ausgesprochen.

☐ unser körperfremdes Abwehrsystem

☐ unser körpernahes Abwehrsystem

☐ unser körperbetontes Abwehrsystem

☐ unser körpereigenes Abwehrsystem

Der Bastelnachmittag

Markiere alle Kindernamen. Mache bei jedem, der kommen kann, ein Kreuz.

Sonja möchte zu einem Bastelnachmittag einladen.

Sie ruft Martin an. Der sagt zu.

Martin bringt noch seine Schwester Lene mit.

Bei Anna schaltet sich nur der Anrufbeantworter ein.

Tanja geht selbst ans Telefon. Sie kommt gerne, klasse!

Als Sonja bei Klaus anruft, sagt seine Mutter: „Klaus kann leider

nicht kommen. Er besucht gerade seine Oma."

Sonja telefoniert mit Tamara. Sie bekommt von ihr allerdings

eine Absage, da Tamara Halsweh hat.

In diesem Moment schaut zufällig ihr Nachbar Emilio vorbei.

Er bleibt gleich für die Bastelrunde da.

① **Wie viele Anrufe macht Sonja?** _____

② **Wie viele Mädchen wollen bei Sonja mitbasteln?**

_____

③ **Wie viele Jungen basteln mit?** _____

④ **Welche Kinder kommen nicht? Notiere ihre Namen.**

_____

⑤ **Wie viele Kinder sitzen schließlich am Basteltisch?**

_____

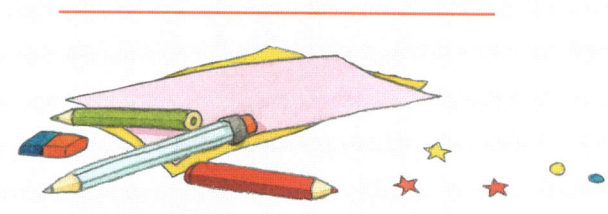  

24

1 Bilde sinnvolle Sätze. Verbinde und trage pro Satz
zwei Lösungsbuchstaben ein.

1 Der Mensch verliert pro Tag …	**L**	**D** … den Weg vom Mund in den Magen zu finden.
2 Sieben Sekunden brauchen Speisen, um …	**E**	**E** … besteht aus etwa 208 Knochen.
3 Ein einzelnes Haar eines Menschen …	**E**	**T** … zwischen 60 und 100 Haare.
4 Das menschliche Skelett …	**N**	**I** … kann bis zu drei Kilogramm halten.
5 Zum Duschen verbraucht der Mensch …	**N**	**R** … Millionen von Bakterien.
6 Auf unseren Füßen befinden sich …	**Ö**	**T** … 20 Jahre seines Lebens verschlafen.
7 Männer zwinkern nur halb so oft …	**P**	**K** … in seinem Leben etwa eine Million Liter Wasser.
8 Durchschnittlich wiegt die Haut …	**R**	**E** … mit den Augen wie Frauen.
9 Ein 70 Jahre alter Mensch hat etwa …	**I**	**F** … eines Erwachsenen zehn bis zwölf Kilogramm.

Erstaunlich, nur männliche
Frösche quaken so laut, dass
Menschen es hören können.

Lösungssatz:

HA <u>L</u> <u>T</u> _ _ _ _ _ _ _ _ _ _ _ _ _ !

    1   2   3   4   5   6   7   8   9

❶ In unseren deutschen Wäldern haben sich in den letzten Jahren vermehrt Wildschweine angesiedelt. Umliegende Felder bieten ihnen eine sichere Nahrungsquelle. An vielen Orten sind sie bereits zur Plage geworden und werden deshalb fast das ganze Jahr über gejagt. Oft richten sie große Schäden an. Sie durchpflügen die Äcker auf der Suche nach Kartoffeln, Mais, Früchten und Mäusen.

❷ Im Durchschnitt bringt eine Bache etwa sieben Junge zur Welt. Wenn so eine Muttersau mit ihren Kindern durch den Wald streift, ist es besser, ihr nicht zu begegnen. Sie würde sofort energisch zum Angriff übergehen und ihre Kleinen verteidigen.

Psst!

❸ Die Jungtiere kommen meist zwischen März und Mai zur Welt. Als Geburtsnest gräbt die Wildsau eine tiefe Mulde in den Boden. Sie polstert die Kinderstube mit weichem Gras aus und baut aus Ästen und Zweigen eine Art Dach darüber. Die Frischlinge sollen möglichst gut geschützt werden. Durch das hellbraun gestreifte Fell sind sie kaum vom Waldboden zu unterscheiden. So werden sie auch in den ersten Monaten von Angreifern nicht so schnell entdeckt. Das Nest ist häufig in Richtung Süden ausgerichtet, damit es von der Sonne erwärmt wird.

❹ Die Frischlinge werden etwa drei Monate lang gesäugt. Die nahrhafte Milch aus den Zitzen ihrer Mutter lässt die Kleinen schnell heranwachsen. Nach etwa drei Wochen unternimmt die Wildschweinfamilie erste Ausflüge. Die Jungtiere wühlen dann eifrig im Waldboden und spüren z. B. Wurzeln, Käfer und Schnecken auf. Obwohl sie noch gesäugt werden, probieren sie bereits solche feste Nahrung. Im Alter von drei Monaten sind sie schon recht kräftig geworden und ihr gestreiftes Haarkleid färbt sich braun.

1 Wie werden junge Wildschweine genannt? _____

2 Wie lange etwa werden die Frischlinge gesäugt? _____

3 Wenn du einer Wildschweinmutter mit Jungen begegnest, ...

☐ ... versuchst du, die Kleinen zu streicheln.

☐ ... verhältst du dich ruhig, damit sie dich nicht bemerken.

☐ ... klatschst du in die Hände, um sie zu vertreiben.

4 Wie viele Junge bringt eine Wildsau durchschnittlich zur Welt?

☐ 4 Junge   ☐ 7 Junge   ☐ 9 Junge

5 Welchen Satz findest du so im Text?

☐ Die Jungtiere kommen meist zwischen April und Mai zur Welt.

☐ Die Jungtiere kommen meist zwischen März und Mai zur Welt.

☐ Die Jungtiere kommen meist zwischen März und Juni zur Welt.

6 Welche feste Nahrung probieren junge Wildschweine schon im Alter von drei Wochen?

a) _____   b) _____   c) _____

7 Was bedeutet das Wort „Bache"?

Männliche Wildschweine nennt man Keiler. Sie haben messerscharfe Eckzähne, die man Hauer nennt.

☐ Wildschwein

☐ Jungtier

☐ Muttersau

1. Die Kinder aus der Klasse 3a haben einander Briefchen
   in Geheimsprache geschrieben.
   Übersetze. Schreibe den Text richtig darunter.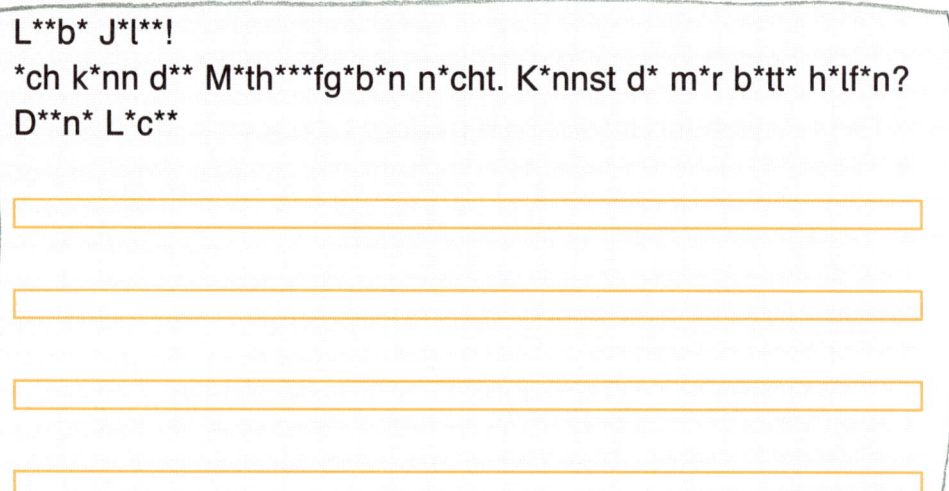

2. Welche Kinder schreiben einander?
   Male die Briefe mit gleicher Farbe an.

L**b* J*l**!
*ch k*nn d** M*th***fg*b*n n*cht. K*nnst d* m*r b*tt* h*lf*n?
D**n* L*c**

_____

_____

_____

_____

Lbr Hnns!
Spln wr ht Fßbll mtnndr? ch hb grß Lst dz.

_____

_____

_____

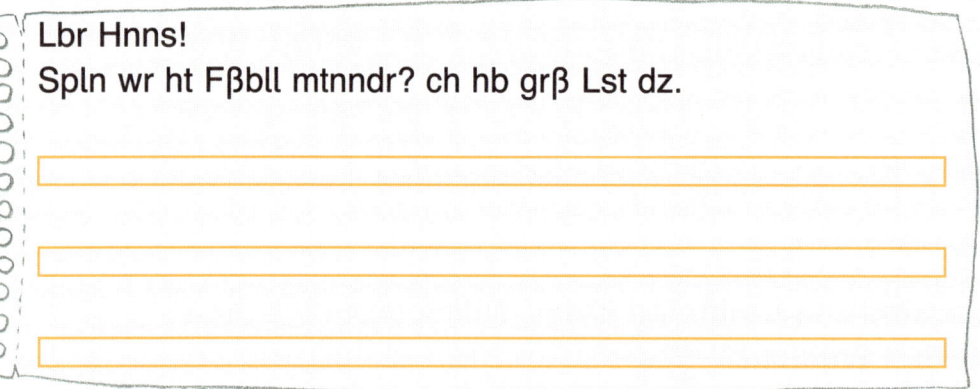

?nehielsua tfitsielB nenie rim ud tsnnaK
.nednif thcin neniem nnak hcl

_____

_____

_____

KlaL, du kannst meinen Bleistift geLne haben.
Komm einfach heLübeL und hole ihn diL.

Christina

SELBSTVERSTÄNDLICHICH HELFEFE ICHICH DIRIR
BEIEI DENEN MATHEAUFGABENEN.
KEINEIN PROBLEMEM.

JULIA

Lüber Antonüo!
Wür können heute gerne wüder Fußball spülen.
Am besten treffen wür uns um 15 Uhr auf dem Fußballplatz.

Hannes

Ich liebe
Geheimschriften!

❶ Das Mittelalter war eine gefährliche und aufregende Zeit. Häufig führten die Fürsten gegeneinander Krieg. Ihre Ritter mussten die Streitigkeiten austragen. Ritter, das war eigentlich nur ein anderer Name für Reiter.

❷ Am Anfang des Rittertums durfte jeder, der genügend Geld für ein Ross, die Rüstung und Waffen hatte, ein Ritter werden. Das konnten sich also nur die Reichen und Vornehmen leisten. Arme Bauern, die nicht genug Geld dafür aufbrachten, durften somit nicht hoch zu Ross in die Schlacht ziehen. Erst später mussten die Söhne von Rittern bis zu ihrem 21. Lebensjahr eine lange Ausbildung machen, um zum Ritter geschlagen zu werden.

❸ Die ersten Ritterburgen bestanden aus einem einfachen, viereckigen Turm. Zur besseren Verteidigung wurde dieser oft auf einem hohen, schwer zugänglichen Felsen erbaut. So eine „Turmburg" hatte mehrere Stockwerke. Durch Wendeltreppen, Falltüren und mithilfe von Schemeln konnte man die einzelnen Räumlichkeiten erreichen. Alle Vorräte lagerten in der Vorratskammer im Erdgeschoss. Der Arbeitsraum mit einer Kochstelle befand sich im ersten Obergeschoss. Im zweiten Stockwerk gab es einen Wohnraum, in dem sich der Burgherr, seine Gemahlin, die Bediensteten und seine Gäste aufhielten. Das war oft ganz schön eng. Die private Schlafkammer befand sich in der dritten Etage. An diesen „Wohnturm" wurde im Laufe der Zeit immer wieder angebaut. Allmählich entstanden stolze Burganlagen, wie wir sie oft heute noch bestaunen können. In diesen riesigen, massiven Steinbauten wohnten dann ganz viele Menschen wie in einer Stadt: z. B. geschickte Handwerker, Diener, Soldaten und auch ein Priester.

1 Was bedeutet das Wort „Ritter"?

☐ Retter   ☐ Rieter   ☐ Reuter   ☐ Reiter

2 Welchen Satz findest du genau so im Text wieder?

☐ Häufig führten die Fürsten miteinander Krieg.

☐ Häufig führten die Ritter gegeneinander Krieg.

☐ Häufig führten die Fürsten gegeneinander Krieg.

☐ Häufig führten die Ritter miteinander Krieg.

Ross ist ein anderes Wort für Pferd.

3 Wo wurden Turmburgen meist gebaut?

☐ auf einem breiten Hügel

☐ auf einem hohen Felsen

☐ auf einem schmalen Berg

4 Welche Möglichkeiten gab es, um in einer Turmburg von einer Etage in die andere zu gelangen?

a) _____   b) _____   c) _____

5 Was befand sich wo?
Beschrifte den Wohnturm.

3. OG: _____

2. OG: _____

1. OG: _____

EG: _____

6 Wie kam ein Ritter an sein Pferd?

☐ Er bekam es geschenkt.   ☐ Er musste es selbst kaufen.

☐ Er bekam es geliehen.   ☐ Er musste es selbst fangen.

❶ Viele Menschen kennen die Honigbiene.
Weniger bekannt ist die Wildbiene.
Dieses Insekt gibt es in vielen Ländern
der Erde. Auch in Deutschland leben
über 570 verschiedene Wildbienenarten.
Wildbienen sind meist kleiner als Honigbienen.
Sie leben oft allein, nicht in Gruppen.

A1Pix/Panthermedia

blickwinkel/Hecker/Sauer

❷ Die Larven liegen unter der Erde
in kleinen Löchern. Sie werden
mit einer Mischung aus Honig
und Pollen gefüttert. Wenn sie
groß genug sind, schlüpfen sie
aus der Erde heraus. Sie können
sich aber auch in winzigen
Löchern eines Baumstammes
entwickeln.

❸ Auch Wildbienen sammeln Nektar und machen daraus Honig.
Es gibt manchmal Wildbienenhonig zu kaufen.

❹ Diese Tiere sind eigentlich friedlich. Sie greifen den Menschen
normalerweise nicht an. Nur wenn sie in die Enge gedrängt werden,
wehren sie sich. Sie stechen zum Beispiel, wenn du auf sie trittst.

❺ Wir müssen Wildbienen schützen.
Sie sind nützliche Tiere.
Zum Beispiel brauchen wir sie
für die Bestäubung vieler Pflanzen:
Durch die Bienen wird nämlich
Blütenstaub von einer Pflanze
zur anderen transportiert.
Auf diese Art und Weise können
Früchte und neue Pflanzen entstehen.

Interfoto/mova

Lösungen Deutsch-Stars Lesetraining 3
(zum Heraustrennen die mittlere Klammer lösen)

Wo sind Karl, Lisa und Paul?

Gerda hat sich zum Schlittenfahren mit Karl, Lisa und Paul
verabredet. Sie will die Kinder am Schlittenberg treffen.
Heute ist ein wunderschöner Wintertag. Als Gerda zum
Schlittenberg kommt, sind dort schon ganz viele Kinder.
Oh je, wo sind nur Karl, Lisa und Paul?
Gerda lässt ihre Augen über den Schlittenberg wandern.
Zum Glück weiß sie, was Paul, Lisa und Karl heute
angezogen haben und wie sie aussehen.

Lisa trägt einen roten Schneeanzug.
Der Schneeanzug hat schwarze Punkte.
Auf dem Kopf hat Lisa eine weiße Bommelmütze.
Lisas Hände stecken in dicken, grünen Handschuhen.
Ihre langen, braunen Haare schauen unter der Mütze heraus.
Außerdem trägt Lisa eine Brille.

Karls Haare sind blond und gelockt.
Karl trägt ein blaues Stirnband.
Er hat einen hellblauen Anorak und eine dunkelblaue
Schneehose an. Seine Hände schützt er durch hellblaue,
dicke Handschuhe vor der Kälte.

Paul hat über seine braunen, kurzen Haare die Kapuze
seines Anoraks gestülpt.
Sein Anorak ist schwarz. Außerdem trägt er eine rote Schneehose.
Auch er hat Handschuhe an. Sie haben dieselbe Farbe wie die
Schneehose.

4

① **Wo sind Karl, Lisa und Paul? Kreise sie im Bild ein.**

5

Witzig, witzig

Tipp: Suche bei den Witzenden
nach Wörtern, die dir Hinweise
auf den Anfang geben.

① **Ordne den Witzanfängen die entsprechenden
Witzenden zu. Du erhältst über die Buchstaben
ein Lösungswort.**

Witzanfänge

❶ In der Schule sind zwei Garderobenhaken angebracht worden.
Darüber ein Schild: „Nur für Lehrer!"

❷ Fragt der Jeepfahrer in der Wüste: „Wie komme ich ins nächste Dorf?"

❸ Lehrer: „Du schreibst total unleserlich! Schreibe bitte in Zukunft
deutlicher!"

❹ Die Mutter zu ihrem Sohn: „Kannst du bitte schnell den Salzstreuer
auffüllen?"

❺ Bei einem Zoobesuch sagt die Mutter besorgt zu ihrer kleinen Tochter:
„Kleines, geh sofort von dem Löwen weg!"

❻ Klein Fritzchen fragt: „Was ist Wind?"

❼ Eine Schnecke fragt den Gärtner: „Könnte ich ein paar Salatblätter
haben?" Wütend wirft sie der Gärtner über den Zaun.

❽ Sagt die Heringsmutter zu ihrem Kind: „Halte dich beim Schwimmen
gerade!" „Wieso?", fragt ihr Jüngster.

Witzenden

R Schüler: „Besser nicht. Dann finden Sie ja alle meine Rechtschreibfehler!"

K Ein paar Wochen später hat sie sich wieder zum Gärtner vorgearbeitet.
Sie sagt beleidigt: „Sag mal, was war denn das gerade eben?"

E Sagt der Vater: „Das ist Luft, die es besonders eilig hat."

SCH Am nächsten Tag klebt ein Zettel darunter: „Aber man kann auch Mäntel
daran aufhängen!"

Z Eine Stunde später kommt der Kleine schluchzend aus der Küche:
„Ich schaffe es einfach nicht das Zeug durch die Löcher zu stopfen!"

S Sie antwortet: „Du willst doch wohl nicht als Rollmops enden?"

K Meint die Kleine treuherzig: „Wieso, Mutti? Ich tue ihm doch gar nichts."

E Antwortet der Kamelreiter: „Da fahren Sie immer geradeaus,
und nächste Woche biegen Sie rechts ab."

1	2	3	4	5	6	7	8
SCH	E	R	Z	K	E	K	S

6

7

Mal ist sie leer,
mal ist sie voll,
in jedem Falle ist sie toll,
weil man
so dann und wann
mit ihr viel Töne spielen kann.

Mal ist sie warm,
mal ist sie kalt,
in jedem Falle wird sie alt,
wenn nicht
ein böser Wicht
sie plötzlich doch einmal zerbricht.

Mal ist sie blau,
mal ist sie weiß,
ganz selten ist sie innen heiß,
weil dann
passieren kann,
dass sie zerplatzet irgendwann.

Mal ist sie groß,
mal ist sie klein,
doch meistens ist das innen fein,
weil das,
was nun im Glas,
zuvor in ihrem Innern saß.

Reimschema:

Dies ist ein Gedicht, — A
erkennst du das nicht? — A
Es reimt sich sogar, — B
ist dir das auch klar? — B

8

① **Was ist das für ein Gegenstand?** eine Flasche

② **Wie viele Strophen hat das Gedicht?** 4

③ **Welche Überschrift würdest du welcher Strophe zuordnen?**

Leckere Flüssigkeit	Strophe 4
Vorsicht, Glas kann platzen!	Strophe 3
Interessantes Musikinstrument	Strophe 1
Zerbrechlich	Strophe 2

④ **Welchem Reimschema folgt das Gedicht? Kreuze an.**

☐ A B A B C ☐ A A A B B B
☐ A B C C C ☐ A B A C A
☒ A B B C C C ☐ A B B C C

⑤ **Im Gedicht heißt es: „doch meistens ist das innen fein".**
Was ist mit „das innen" gemeint?

☐ das Glas ☐ Sauerstoff
☐ Luft ☒ ein Getränk

⑥ **Welche Wörter stehen so im Text?**

☐ zerplatzt	☒ zerplatzet	☐ zerplatzen
☒ Falle	☐ Fälle	☐ Fall
☐ Inneren	☒ Innern	☒ innen
☐ Mahl	☒ mal	☒ Mal
☒ Wicht	☐ Wichtl	☐ Wachtl
☒ kann	☒ wann	☒ dann

9

Fuchsberg, den 25. Juni 2009

Liebe Tante Clara,

ganz herzlichen Dank für den tollen Fahrradhelm. Ich habe
ihn auch sofort ausprobiert. Er passt ganz genau. Nun kann ich
wieder gut geschützt mit meinem neuen Rad herumfahren.
Mein Geburtstag war ein ereignisreicher Tag. Es kamen
meine besten Freunde. Sie heißen Lukas, Felix, Leon, Elias,
Jonas, Hanna und Sofia.

Nachdem ich alle Geschenke ausgepackt hatte, setzten wir uns
an unseren großen Esstisch. Wie immer hatte Mama meine
Lieblingstorte gebacken: Schokoladentorte mit Kirschen und
Schlagsahne. Anschließend sind wir in den Garten gegangen
und haben Volleyball gespielt. Lukas und Leon hatten mir
das Netz dazu geschenkt. Mama und Papa hatten inzwischen
eine Schnitzeljagd im Wäldchen nebenan vorbereitet. Bevor wir
eine große Schatztruhe fanden, mussten wir verschiedene Aufgaben
lösen und den ausgelegten Zeichen folgen. Wir haben viel gelacht.
Am allerbesten war dann aber doch das Abendessen. Es war
ein wunderschöner Sommerabend. Mit Papa trugen wir trockenes
Holz herbei und errichteten ein Lagerfeuer. Als es richtig glühte,
durften wir vorgekochte Kartoffeln auf Stöcke spießen und sie
im Feuer grillen. Dazu gab es noch Würstchen und Limonade.
Es war wirklich eine tolle Geburtstagsfeier.

Liebe Grüße sendet dir
dein Paul

10

① **Wie heißt der Ort, in dem Paul wohnt?** Fuchsberg

② **Welche Art von Text schrieb Paul?**

☐ Geschichte ☐ Gedicht ☒ Brief ☐ Märchen

③ **Wie viele Kinder befanden sich insgesamt auf der Geburtstagsfeier?**

☐ 7 Kinder
☒ 8 Kinder (7 Gäste und Paul)   Tipp: Unterstreiche alle Kindernamen im Text.
☐ 9 Kinder

④ **Zu welcher Jahreszeit hatte Paul Geburtstag?**

☐ Frühling ☐ Herbst ☒ Sommer ☐ Winter

⑤ **Wer schenkte Paul das Volleyballnetz?** Lukas und Leon

⑥ **Ergänze den folgenden Satz mit den richtigen Wörtern aus dem Text.**

Am allerbesten war dann aber doch das Abendessen .

⑦ **Nummeriere den Ablauf von Pauls Geburtstagsfeier**
in der richtigen Reihenfolge.

2 Torte gegessen   1 Gäste begrüßt   5 Holz herbeigetragen
4 Schnitzeljagd   6 Kartoffeln gegrillt   3 Volleyball gespielt
gemacht

⑧ **Was hat Mama gebacken?**

☐ Schokoladenkuchen mit Kirschen und Schlagsahne
☐ Schokoladentorte mit Kirchen und Schlagsahne
☒ Schokoladentorte mit Kirschen und Schlagsahne

11

Scherzantworten

① Lies dir alle Fragen und Antworten durch.

1 Was machst du gerne im Winter?
R Bellen.

2 Weshalb werden die Deckfedern der Ente nicht nass?
S Weil der vorhandene Sauerstoff aufgebraucht wird.

3 Warum erlischt eine Kerze nach einiger Zeit unter einem Glas?
A Weil sie diese mit Fett aus der Bürzeldrüse einfettet.

4 Was können Katzen in der Nacht besonders gut?
C Fliegen.

5 Warum friert Wasser im Winter oft ein?
E Weil es meist zu heiß dazu ist.

6 Was können Hunde besonders gut?
D Schlittschuh laufen.

7 Warum schneit es selten im Sommer?
A Weil es ab 0 Grad Celsius vom flüssigen in den festen Zustand übergeht.

8 Was kann ein Vogel besonders gut?
W Sehen.

9 Warum leben Wale im Meer, obwohl sie Säugetiere sind?
T Weil sie Pflanzenfresser sind.

12

10 Warum fressen Kühe kein Fleisch?
I Weil sie Kohlendioxid in Sauerstoff umwandeln.

11 Was trinken alle Babys am liebsten?
P Gänge.

12 Was graben Maulwürfe unter der Erde?
E Saiten.

13 Warum brauchen wir Bäume zum Leben?
Z Wegen der hohen Temperaturen auf diesem Kontinent.

14 Warum haben Pferde in der Regel Angst vor Feuer?
H Weil sie sich im Laufe ihrer Entwicklung dem Leben im Wasser angepasst haben.

15 Warum leben Eisbären nicht in Afrika?
T Weil sie Fluchttiere sind.

16 Was braucht ein Geigenspieler?
S Milch.

② Welche Fragen passen zu welchen Antworten? Ordne zu. Trage die richtigen Lösungsbuchstaben ein.

D A S W A R E C H T S P I T Z E !
1 2 3 4 5 6 7 8 9 10 11 12 13 14 15 16

13

Ein wundersames Haus

Ich kenn ein wundersames Haus,
da gehn die Leute ein und aus,
die machen manchmal einen Krach,
da hebt sich fast das ganze Dach!

Karl Knallspaß, der vom ersten Stock,
macht Lärm für drei mit seinem Rock.

Frau Bellereiters kleiner Hund
tut jeden Ankömmling gleich kund.

Herr Schafekopf, der Herr ganz unten,
mag gern gesell'ge Kartenrunden.

Im vierten Stock Frau Fühlmichgut
singt viel aus reinem Übermut.

Die Kinder von Familie Schock,
die lachen laut im zweiten Stock.

Und auch im Dachgeschoss ganz oben
will Kleinkind Quirin oftmals toben.

Doch ist es wirklich wundersam,
wenn man recht lärmt so dann und wann?
Zeigt man damit die Freud am Leben,
so kann es doch nichts Bessres geben!

14

① Was will dir das Gedicht sagen?

☐ Lärm stört andere Menschen, deshalb sollte man sich ruhig verhalten.

☒ Manchmal kann Lärm auch Ausdruck von Lebensfreude sein.

☐ Es ist schlecht, wenn viele Leute unter einem Dach wohnen.

② Wer wohnt wo? Schreibe die Namen der Leute in das Haus.

Dachgeschoss: Quirin
4. Stock: Frau Fühlmichgut
3. Stock: Frau Bellereiter
2. Stock: Familie Schock
1. Stock: Karl Knallspaß
Erdgeschoss: Herr Schafekopf

③ Wodurch erzeugen die Personen Lärm? Verbinde.

Quirin — durch laute Musik
Frau Fühlmichgut — durch den Hund, der sich über Besuch freut
Herr Schafekopf — durch Kinderlachen
Frau Bellereiter — durch Herumtoben
Familie Schock — durch Gesang
Karl Knallspaß — durch Kartenspielen mit anderen Leuten

15

Grünhausener Tageblatt, Donnerstag, 05. Mai

Gestern gegen 18 Uhr hat ein Unbekannter das Juweliergeschäft in der Räubergasse überfallen.

Der Juwelier Gerd M. wollte soeben den Laden schließen, als ein maskierter Mann ihn mit einer Pistole bedrohte. Der Täter raubte anschließend Waren im Wert von ca. fünftausend Euro. Wahrscheinlich war ihm ein Komplize bei der Flucht behilflich. Der Schmuckhändler blieb unverletzt und konnte die Polizei alarmieren, nachdem der Dieb den Laden verlassen hatte. Die Beamten kamen jedoch zu spät.

Bei dem Räuber handelt es sich um einen sehr großen, schlanken Mann mit tiefer Stimme. Er trug einen schwarzen Overall und schwarze Schuhe. Mithilfe eines blauen Kleinwagens konnte er rasch die Flucht ergreifen.

Sachdienliche Hinweise bitte an die nächste Polizeidienststelle weitergeben.

① **An welchem Wochentag geschah der Einbruch?** Mittwoch

② **Wie könnte die Überschrift zu dieser Meldung lauten?**

☐ Morgendlicher Einbruch   ☒ Überfall in der Räubergasse

☐ Zweitausend Euro gestohlen   ☐ Einbruch im Supermarkt

③ **Wie könnte der Mann aussehen? Kreuze den richtigen Dieb an.**

☒   ☐   ☐   ☐

① **Tobias ist stumm. Er kann nicht sprechen. Welche Fragen kann er nur durch Kopfnicken (ja) und Kopfschütteln (nein) beantworten? Kreuze an.**

☐ Wie geht es dir?

☒ Kannst du sprechen?

☒ Magst du mitspielen?

☒ Spielst du gerne Lego?

☒ Hast du Geschwister?

☐ Wie viele Geschwister hast du?

☐ In welche Schule gehst du?

☒ Warst du schon einmal in Italien im Urlaub?

☒ Hast du ein Haustier?

☐ Welchen Film hast du zuletzt im Kino gesehen?

☒ Wollen wir einmal zum Schwimmen gehen?

☐ Wie verständigst du dich mit deinen Eltern?

☒ Isst du gerne Pizza?

☐ Welches ist deine Lieblingspizza?

☐ Was ist deine Lieblingssportart?

☒ Bist du schon einmal geritten?

☐ Was hast du zu deinem letzten Geburtstag geschenkt bekommen?

☒ Hast du ein Fahrrad?

☐ Was wünschst du dir zu Weihnachten?

☐ Welches Schulfach magst du am liebsten?

☒ Möchtest du etwas zu trinken?

☒ Wollen wir Freunde sein?

☐ Wann treffen wir uns wieder?

> Tipp: Probiere bei jeder Frage Kopfnicken und Kopfschütteln aus. Reicht es als Antwort?

> Dieser Text ist eine Fabel. In Fabeln können Tiere oft sprechen. Man kann aus Fabeln etwas lernen.

Ein schmaler Steg führte über einen tiefen Fluss. An einem sonnigen Nachmittag wollte eine Ziege darübergehen. Da sah sie am gegenüberliegenden Ufer eine weitere Ziege. Auch sie wollte gerade über den Steg laufen. Die eine wollte hinüber, die andere wollte herüber. Da rief die erste Ziege: „Bleib stehen! Ich will zuerst über die Brücke gehen!"

„Das könnte dir so passen!", erwiderte die zweite Ziege. „Tritt zurück und lass mich durch! Ich bin viel älter als du!"

Jede wollte zuerst hinüber. Keine gab nach. Beide beschimpften sich lautstark. Sie wurden so zornig, dass sie schließlich gleichzeitig aufeinander zurannten. Der Steg schwankte und krachte. Die Köpfe gesenkt, mit den Hörnern voraus, liefen sie wütend gegeneinander. Sie trafen sich genau in der Mitte des Brückleins, kamen aber nicht aneinander vorbei.

Vom heftigen Zusammenstoß verloren beide das Gleichgewicht und stürzten vom schmalen Steg in das reißende Wasser.

Nur mit Mühe und Not konnten sie sich noch ans Ufer retten.

(nach Ludwig Grimm)

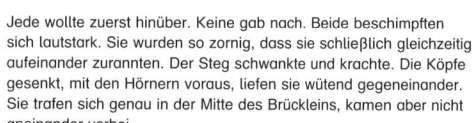

① **Warum stritten die beiden Ziegen?**

☐ Weil sie sich nicht leiden konnten.

☐ Weil die eine Ziege älter war.

☒ Weil keine der beiden nachgeben wollte.

☐ Weil sie heute zornig waren.

② **Welche von den beiden Ziegen wollte zuerst über den Steg?**

☐ nur die erste   ☐ nur die zweite   ☒ beide gleichzeitig

③ **Wo trafen die beiden Ziegen aufeinander?**

genau in der Mitte des Brückleins

④ **Wie endete der Streit zwischen den Ziegen?**

☐ Sie ertranken beide im Fluss.

☐ Sie stürzten in das Wasser, weil der Steg zerbrach.

☒ Sie retteten sich mit Mühe ans Ufer.

☐ Sie vertrugen sich wieder.

⑤ **Zu welcher Tageszeit trug sich die Geschichte zu?**

am Nachmittag

⑥ **Um welche Textart handelt es sich hier?**

☐ Tiergeschichte   ☒ Fabel   ☐ Märchen   ☐ Sage

7 **Welcher Spruch passt zu der Geschichte?**

☐ Pack schlägt sich, Pack verträgt sich.

☐ Wer einmal lügt, dem glaubt man nicht.

☐ Wenn zwei sich streiten, freut sich der Dritte.

☒ Der Klügere gibt nach.

 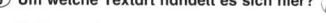

Als Elsi eines Morgens mit Vater und Mutter im Badezimmer stand,
hatte sie eine Menge Spaß. Nun ging es nämlich bereits morgens
um sieben Uhr ab ins <u>Laschwappenland</u>.

Mutter brauchte nur die <u>Tadbür</u> zu öffnen, schon kam <u>Lrischfuft</u> herein,
die die Zunge verdrehte. Elsi schnappte sich zunächst die <u>Bahnzürste</u>
und schrubbte mit <u>Pahnzasta</u> ihre Zähne sauber. Anschließend wusch
sie ihre Hände unter dem <u>Hasserwahn</u>. Ihr kleiner Bruder Florian
sollte sich die Haare mit <u>Waarhaschmittel</u> waschen. Doch er rief:
„Ich möchte jetzt mein <u>Srühftück</u> essen und nicht Haare waschen!"
Mutter schimpfte daraufhin: „Du <u>Schickdädel</u>, die <u>Waarhäsche</u> ist wichtig,
also halte still!"
Der Streit hatte rasch ein Ende, als Vater den <u>Faarhöhn</u> einschaltete,
um seinen <u>Kockenlopf</u> zu föhnen. Dann war es so laut im <u>Zadebimmer</u>,
dass nicht einmal zu hören war, als Elsi mit dem <u>Wundmasser</u> gurgelte.
Irgendwann schrie Mutter aber ganz laut: „Schalte bitte dieses Gerät aus,
ich möchte die <u>Sadiorendung</u> hören!"

Kurz darauf waren alle ruhig. Mutter lauschte den Tönen aus dem Radio,
Florian zog seinen <u>Pollwullover</u> an, Vater kämmte sich und Elsi wusch sich
mit dem <u>Laschwappen</u> das Gesicht ab.
Wie schön es doch im <u>Laschwappenland</u> war!

20

1 **Unterstreiche alle verdrehten Wörter im Text.**

2 **Schreibe die verdrehten Wörter richtig auf.**

Waschlappenland

Badtür	Haarwäsche
Frischluft	Haarföhn
Zahnbürste	Lockenkopf
Zahnpasta	Badezimmer
Wasserhahn	Mundwasser
Haarwaschmittel	Radiosendung
Frühstück	Wollpullover
Dickschädel	Waschlappen

3 **Welche Wörter sind verdreht? Kreuze an.**

☐ alle Wörter   ☒ zusammengesetzte Wörter   ☐ Tunwörter

4 **Wie müssten die folgenden Wörter
im Laschwappenland heißen?**

Handtuch: Tandhuch

Halskette: Kalshette

Wärmflasche: Färmwlasche

Fußboden: Bußfoden

Blumentopf: Tlumenbopf

21

Gespräch mit Dr. Klaus Oberheiden

Jetzt ist es so weit: Die Schnupfenzeit ist wieder da!
Woher der Schnupfen kommt und was wir dagegen tun können,
das verrät uns Dr. Klaus Oberheiden in einem Gespräch
mit der Morgenpost.

„Herr Dr. Oberheiden, warum bekommen wir eigentlich Schnupfen?"
„Schnupfen bekommen wir durch bestimmte Erreger. Sie heißen Viren
und lauern überall und praktisch zu jeder Jahreszeit auf uns."

„Wie sehen solche Viren aus?"
„Viren sind so winzig klein, dass man sie selbst mit dem
Vergrößerungsglas nicht erkennen kann. Sie sitzen überall
und gelangen durch Mund und Nase in unseren Körper."

**„Warum bekommen manche Menschen Schnupfen –
andere aber nicht?"**
„Viren können gesunden Menschen nichts anhaben. Wenn wir aber
kalte und nasse Füße haben und über längere Zeit frieren, wird unser
Körper geschwächt. Treffen wir dann auf Viren, haben diese
ein leichtes Spiel. Wir bekommen Schnupfen."

„Verursachen Viren nur Schnupfen?"
„Nein. Oftmals kommen zum Schnupfen
noch Halsweh, Husten oder Fieber hinzu.
Dann sind wir richtig krank."

„Können wir uns gegen Viren schützen?"
„Gesunde, vitaminreiche Ernährung stärkt unser körpereigenes
Abwehrsystem. In der kalten und nassen Jahreszeit sollte
außerdem auf Kleidung geachtet werden, die unseren Körper
warm und trocken hält."

„Herzlichen Dank für Ihre Erklärungen und die guten Ratschläge."

22

1 **Um welche Textart handelt es sich hier?**

☐ Fragespiel   ☐ Vortrag   ☐ Erzählung

☒ Interview   ☐ Sachtext   ☐ Krankengeschichte

2 **Wie heißen die Schnupfenerreger?**

☐ Vieren   ☐ Vihren   ☒ Viren   ☐ Veiren

3 **Welche Krankheiten kommen zum Schnupfen oftmals noch hinzu?**

a) Halsweh   b) Husten   c) Fieber

4 **Streiche falsche Aussagen durch.**

a) Schnupfen bekommen wir durch bestimmte Erreger.

b) ~~Viren sind gut zu erkennen.~~

c) ~~Gesunde Menschen können den Viren nichts tun.~~

d) ~~Durch warme Füße wird unser Körper geschwächt.~~

e) Vitaminreiche Ernährung stärkt unser Abwehrsystem.

5 **Wie gelangen Viren in unseren Körper?**

a) durch den Mund   b) durch die Nase

6 **Was können wir durch gesunde Ernährung
stärken?**

☐ unser körperfremdes Abwehrsystem

☐ unser körpernahes Abwehrsystem

☐ unser körperbetontes Abwehrsystem

☒ unser körpereigenes Abwehrsystem

23

Der Bastelnachmittag

Markiere alle Kindernamen.
Mache bei jedem, der kommen
kann, ein Kreuz.

~~Sonja~~ (X) möchte zu einem Bastelnachmittag einladen.
Sie ruft Martin (X) an. Der sagt zu.
Martin bringt noch seine Schwester Lene (X) mit.
Bei Anna schaltet sich nur der Anrufbeantworter ein.
Tanja (X) geht selbst ans Telefon. Sie kommt gerne, klasse!
Als Sonja bei Klaus anruft, sagt seine Mutter: „Klaus kann leider
nicht kommen. Er besucht gerade seine Oma."
Sonja telefoniert mit Tamara. Sie bekommt von ihr allerdings
eine Absage, da Tamara Halsweh hat.
In diesem Moment schaut zufällig ihr Nachbar Emilio (X) vorbei.
Er bleibt gleich für die Bastelrunde da.

① Wie viele Anrufe macht Sonja? _5 Anrufe_

② Wie viele Mädchen wollen bei Sonja mitbasteln?

2 Mädchen

③ Wie viele Jungen basteln mit? _2 Jungen_

④ Welche Kinder kommen nicht? Notiere ihre Namen.

Anna, Klaus, Tamara

⑤ Wie viele Kinder sitzen schließlich am Basteltisch?

5 Kinder

24

Erstaunliches von uns Menschen

① Bilde sinnvolle Sätze. Verbinde und trage pro Satz
zwei Lösungsbuchstaben ein.

1	Der Mensch verliert pro Tag ...	L		D	... den Weg vom Mund in den Magen zu finden.
2	Sieben Sekunden brauchen Speisen, um ...	E		E	... besteht aus etwa 208 Knochen.
3	Ein einzelnes Haar eines Menschen ...	E		T	... zwischen 60 und 100 Haare.
4	Das menschliche Skelett ...	N		I	... kann bis zu drei Kilogramm halten.
5	Zum Duschen verbraucht der Mensch ...	N		R	... Millionen von Bakterien.
6	Auf unseren Füßen befinden sich ...	Ö		T	... 20 Jahre seines Lebens verschlafen.
7	Männer zwinkern nur halb so oft ...	P		K	... in seinem Leben etwa eine Million Liter Wasser.
8	Durchschnittlich wiegt die Haut ...	R		E	... mit den Augen wie Frauen.
9	Ein 70 Jahre alter Mensch hat etwa ...	I		F	... eines Erwachsenen zehn bis zwölf Kilogramm.

Erstaunlich, nur männliche
Frösche quaken so laut, dass
Menschen es hören können.

Lösungssatz:

HA _L_ _T_ _E_   _D_ _E_ _I_ _N_ _E_ _N_   _K_ _Ö_ _R_ _P_ _E_ _R_   _F_ _I_ _T_ !
  1 2 3   4 5   6 7   8   9

25

Wildschweine

In unseren deutschen Wäldern haben sich in den letzten Jahren
vermehrt Wildschweine angesiedelt. Umliegende Felder bieten ihnen
eine sichere Nahrungsquelle. An vielen Orten sind sie bereits zur Plage
geworden und werden deshalb fast das ganze Jahr über gejagt.
Oft richten sie große Schäden an. Sie durchpflügen die Äcker
auf der Suche nach Kartoffeln, Mais, Früchten und Mäusen.

Im Durchschnitt bringt eine Bache etwa sieben Junge zur Welt.
Wenn so eine Muttersau mit ihren Kindern durch den Wald streift,
ist es besser, ihr nicht zu begegnen. Sie würde sofort energisch
zum Angriff übergehen und ihre Kleinen verteidigen.

Psst!

Die Jungtiere kommen meist zwischen März und Mai zur Welt.
Als Geburtsnest gräbt die Wildsau eine tiefe Mulde in den Boden.
Sie polstert die Kinderstube mit weichem Gras aus und baut aus
Ästen und Zweigen eine Art Dach darüber. Die Frischlinge sollen
möglichst gut geschützt werden. Durch das hellbraun gestreifte Fell
sind sie kaum vom Waldboden zu unterscheiden. So werden sie auch
in den ersten Monaten von Angreifern nicht so schnell entdeckt.
Das Nest ist häufig in Richtung Süden ausgerichtet, damit es
von der Sonne erwärmt wird.

Die Frischlinge werden etwa drei Monate lang gesäugt.
Die nahrhafte Milch aus den Zitzen ihrer Mutter lässt die Kleinen
schnell heranwachsen. Nach etwa drei Wochen unternimmt die
Wildschweinfamilie erste Ausflüge. Die Jungtiere wühlen dann eifrig
im Waldboden und spüren z.B. Wurzeln, Käfer und Schnecken auf.
Obwohl sie noch gesäugt werden, probieren sie bereits solche
feste Nahrung. Im Alter von drei Monaten sind sie schon recht kräftig
geworden und ihr gestreiftes Haarkleid färbt sich braun.

26

---

① Wie werden junge Wildschweine genannt? _Frischlinge_

② Wie lange etwa werden die Frischlinge gesäugt? _drei Monate_

③ Wenn du einer Wildschweinmutter mit Jungen begegnest, ...

☐ ... versuchst du, die Kleinen zu streicheln.

☒ ... verhältst du dich ruhig, damit sie dich nicht bemerken.

☐ ... klatschst du in die Hände, um sie zu vertreiben.

④ Wie viele Junge bringt eine Wildsau durchschnittlich zur Welt?

☐ 4 Junge   ☒ 7 Junge   ☐ 9 Junge

⑤ Welchen Satz findest du so im Text?

☐ Die Jungtiere kommen meist zwischen April und Mai zur Welt.

☒ Die Jungtiere kommen meist zwischen März und Mai zur Welt.

☐ Die Jungtiere kommen meist zwischen März und Juni zur Welt.

⑥ Welche feste Nahrung probieren junge Wildschweine schon
im Alter von drei Wochen?

a) _Wurzeln_   b) _Käfer_   c) _Schnecken_

⑦ Was bedeutet das Wort „Bache"?

Männliche Wildschweine nennt man
Keiler. Sie haben messerscharfe
Eckzähne, die man Hauer nennt.

☐ Wildschwein

☐ Jungtier

☒ Muttersau

27

1. Die Kinder aus der Klasse 3a haben einander Briefchen in Geheimsprache geschrieben.
   Übersetze. Schreibe den Text richtig darunter.

2. Welche Kinder schreiben einander?
   Male die Briefe mit gleicher Farbe an.

L**b* J*l**!
*ch k*nn d** M*th***fg*b*n n*cht. K*nnst d* m*r b*tt* h*lf*n?
D**n* L*c**

Liebe Julia!

Ich kann die Matheaufgaben nicht.

Kannst du mir bitte helfen?

Deine Lucia

Lbr Hnns!
Spln wr ht Fßbll mtnndr? ch hb grß Lst dz.

Lieber Hannes!

Spielen wir heute Fußball miteinander?

Ich habe große Lust dazu.

?nehielsua tfitsielB nenie rim ud tsnnaK
.nednif thcin neniem nnak hcl

Kannst du mir einen Bleistift ausleihen?

Ich kann meinen nicht finden.

KlaL, du kannst meinen Bleistift geLne haben.
Komm einfach heLübeL und hole ihn diL.

Klar, du kannst meinen Bleistift gerne

haben. Komm einfach herüber und

hole ihn dir.

Christina

SELBSTVERSTÄNDLICHICH HELFEFE ICHICH DIRIR
BEIEI DENEN MATHEAUFGABENEN.
KEINEIN PROBLEMEM.

Selbstverständlich helfe ich dir bei den

Matheaufgaben. Kein Problem.

JULIA

Lüber Antonüo!
Wür können heute gerne wüder Fußball spülen.
Am besten treffen wür uns um 15 Uhr auf dem Fußballplatz.

Lieber Antonio!

Wir können heute gerne wieder

Fußball spielen. Am besten treffen wir

uns um 15 Uhr auf dem Fußballplatz.

Hannes

Ich liebe
Geheimschriften!

LUKAS

28

29

Das Mittelalter war eine gefährliche und aufregende Zeit. Häufig führten die Fürsten gegeneinander Krieg. Ihre Ritter mussten die Streitigkeiten austragen. Ritter, das war eigentlich nur ein anderer Name für Reiter.

Am Anfang des Rittertums durfte jeder, der genügend Geld für ein Ross, die Rüstung und Waffen hatte, ein Ritter werden. Das konnten sich also nur die Reichen und Vornehmen leisten. Arme Bauern, die nicht genug Geld dafür aufbrachten, durften somit nicht hoch zu Ross in die Schlacht ziehen. Erst später mussten die Söhne von Rittern bis zu ihrem 21. Lebensjahr eine lange Ausbildung machen, um zum Ritter geschlagen zu werden.

Die ersten Ritterburgen bestanden aus einem einfachen, viereckigen Turm. Zur besseren Verteidigung wurde dieser oft auf einem hohen, schwer zugänglichen Felsen erbaut. So eine „Turmburg" hatte mehrere Stockwerke. Durch Wendeltreppen, Falltüren und mithilfe von Schemeln konnte man die einzelnen Räumlichkeiten erreichen. Alle Vorräte lagerten in der Vorratskammer im Erdgeschoss. Der Arbeitsraum mit einer Kochstelle befand sich im ersten Obergeschoss. Im zweiten Stockwerk gab es einen Wohnraum, in dem sich der Burgherr, seine Gemahlin, die Bediensteten und seine Gäste aufhielten. Das war oft ganz schön eng. Die private Schlafkammer befand sich in der dritten Etage. An diesen „Wohnturm" wurde im Laufe der Zeit immer wieder angebaut. Allmählich entstanden stolze Burganlagen, wie wir sie oft heute noch bestaunen können. In diesen riesigen, massiven Steinbauten wohnten dann ganz viele Menschen wie in einer Stadt: z. B. geschickte Handwerker, Diener, Soldaten und auch ein Priester.

30

1. Was bedeutet das Wort „Ritter"?

   ☐ Retter   ☐ Rieter   ☐ Reuter   ☒ Reiter

2. Welchen Satz findest du genau so im Text wieder?

   ☐ Häufig führten die Fürsten miteinander Krieg.
   ☐ Häufig führten die Ritter gegeneinander Krieg.
   ☒ Häufig führten die Fürsten gegeneinander Krieg.
   ☐ Häufig führten die Ritter miteinander Krieg.

   Ross ist ein anderes Wort für Pferd.

3. Wo wurden Turmburgen meist gebaut?

   ☐ auf einem breiten Hügel
   ☒ auf einem hohen Felsen
   ☐ auf einem schmalen Berg

4. Welche Möglichkeiten gab es, um in einer Turmburg von einer Etage in die andere zu gelangen?

   a) Wendeltreppe   b) Falltüren   c) Schemel

5. Was befand sich wo?
   Beschrifte den Wohnturm.

3. OG:	Schlafkammer
2. OG:	Wohnraum
1. OG:	Arbeitsraum
EG:	Vorratskammer

6. Wie kam ein Ritter an sein Pferd?

   ☐ Er bekam es geschenkt.   ☒ Er musste es selbst kaufen.
   ☐ Er bekam es geliehen.   ☐ Er musste es selbst fangen.

31

Wildbienen

Viele Menschen kennen die Honigbiene.
Weniger bekannt ist die Wildbiene.
Dieses Insekt gibt es in vielen Ländern
der Erde. Auch in Deutschland leben
über 570 verschiedene Wildbienenarten.
Wildbienen sind meist kleiner als Honigbienen.
Sie leben oft allein, nicht in Gruppen.

Die Larven liegen unter der Erde
in kleinen Löchern. Sie werden
mit einer Mischung aus Honig
und Pollen gefüttert. Wenn sie
groß genug sind, schlüpfen sie
aus der Erde heraus. Sie können
sich aber auch in winzigen
Löchern eines Baumstammes
entwickeln.

Auch Wildbienen sammeln Nektar und machen daraus Honig.
Es gibt manchmal Wildbienenhonig zu kaufen.

Diese Tiere sind eigentlich friedlich. Sie greifen den Menschen
normalerweise nicht an. Nur wenn sie in die Enge gedrängt werden,
wehren sie sich. Sie stechen zum Beispiel, wenn du auf sie trittst.

Wir müssen Wildbienen schützen.
Sie sind nützliche Tiere.
Zum Beispiel brauchen wir sie
für die Bestäubung vieler Pflanzen:
Durch die Bienen wird nämlich
Blütenstaub von einer Pflanze
zur anderen transportiert.
Auf diese Art und Weise können
Früchte und neue Pflanzen entstehen.

---

① **Streiche falsche Sätze durch.**

- ~~Die Wildbiene lebt immer in Gruppen.~~
- Die Wildbiene sticht nur, wenn sie in die Enge getrieben wird.
- Die Larven der Wildbiene sind unter der Erde.
- ~~Wildbienen sind meist größer als Honigbienen.~~
- ~~In Deutschland gibt es keine Wildbienen.~~
- Die Larven ernähren sich auch von Pollen.
- Wildbienen sind friedliche Tiere.
- ~~Wildbienen und Honigbienen sind die gleichen Bienen.~~
- In Löchern eines Baumstammes können sich Wildbienen auch entwickeln.
- ~~Wir müssen uns vor Wildbienen schützen.~~
- Wildbienen bringen Blütenstaub von einer Pflanze zur anderen.
- ~~Wildbienen sammeln keinen Nektar.~~
- Die Bestäubung ist für die Entwicklung von Früchten und neuer Pflanzen wichtig.

Stolperwörter

① **In jedem Satz befindet sich ein überflüssiges Wort.
Streiche es durch.**

In der letzten ~~heute~~ Stunde haben wir Mathematik.

Mein Heft, in dem ich gerade arbeite, ist leider ~~Zahlen~~ voll.

Doch da läutet in unserer ~~mein~~ Klasse bereits der Gong.

Nach der ~~gleich~~ Schule gehe ich nach Hause.

Auf dem Weg besorge ich mir noch ein neues Heft ~~heim~~.

Zu Hause klingle ich hungrig an ~~mit~~ der Tür.

Meine Mutter ~~lecker~~ hat Mittagessen gekocht.

Sie fragt: „Möchtest ~~Nachtisch~~ du gerne Spaghetti?"

Nach ~~bei~~ dem Essen mache ich meine Hausaufgaben.

Ich ~~müde~~ würde vorher noch gerne spielen.

Aber ich fange lieber gleich mit der Arbeit an ~~schnell~~.

Mir gefällt Rechnen ~~schön~~ am besten.

Zuerst schreibe ich Wörterübungen ins Heft ~~voll~~.

Zwischendurch ~~Durst~~ hole ich mir ein Glas Wasser.

Meine Schwester fragt durch die Tür: „Spielen wir nachher ~~Garten~~ zusammen?"

Mama ruft, ob ich schon ~~schreiend~~ fertig bin.

In diesem Moment klettert meine Katze Molli auf ~~schnell~~ meinen Schoß.

Endlich bin ich ~~spielen~~ fertig.

Jetzt gehe ich raus ~~Spielplatz~~.

Die Sonne scheint noch hell ~~Himmel~~.

Wir dürfen draußen bleiben, bis es dunkel ~~toll~~ wird.

*Streiche die Wörter
ordentlich mit einem
Lineal durch.*

Rezepte: Schoko-Obst und Salat mit Banane

① **Hier sind zwei Rezepte durcheinandergeraten.
Unterstreiche: Schoko-Obst = braun
Salat mit Banane = gelb**

*Probiere doch mal die
beiden Rezepte aus.*

- Zutaten: Kopfsalat, 2 Bananen, Kräuter (tiefgefroren), Essig und Öl, Salz und Zucker
- Zutaten: 2 Mandarinen, 1 Apfel, Weintrauben, Vollmilchschokolade, Holzzahnstocher
- Weintrauben und Apfel waschen, Mandarinen schälen.
- Salat waschen und in Stücke zupfen.
- Die Weintrauben abzupfen, den Apfel entkernen und in Stücke schneiden, Mandarinen in Spalten teilen.
- Schokolade in Stücke brechen und in eine kleine Glasschüssel legen.
- Bananen schneiden und mit dem Salat in eine Schüssel geben.
- 2 Esslöffel Öl, 2 Esslöffel Essig, etwas Salz und einen Teelöffel Zucker verrühren.
- Dann einen mittelgroßen Topf zur Hälfte mit Wasser füllen und zum Kochen bringen. Die Schüssel mit den Schoko-Stücken vorsichtig ins Wasser setzen. So schmilzt die Schokolade.
- ½ Packung tiefgefrorene Kräuter unter die Salatsoße mengen.
- Das vorbereitete Obst auf Zahnstocher spießen und in die heiße Schokolade tauchen.
- Die Soße über den Salat geben und alles gut vermischen.
- Stücke nebeneinander auf Backpapier legen und abkühlen lassen, bis die Schokolade fest geworden ist.
- Zahnstocher im Obst stecken lassen, dann lässt es sich leichter essen.

Eine Schule für kranke Kinder

Leonie kann zurzeit nicht wie andere Kinder in die Schule gehen. Vor drei Monaten wurde bei ihr ein Gehirntumor entdeckt. Die Operation hat sie gut überstanden. Seitdem muss sie immer wieder zu einer längeren Behandlung in die Kinderklinik gebracht werden. Für ein bis zwei Stunden am Tag besucht sie dann dort zusammen mit anderen Kindern die Klinikschule.

In so einer Schule werden Schüler, die wegen ihrer schweren Krankheiten nicht zu Hause bleiben können, unterrichtet. Das sind zum Beispiel Kinder mit Krebserkrankungen, Diabetes und Nierenerkrankungen. Ein Lehrer oder eine Lehrerin betreut bis zu vier Kinder in einem eigens dafür eingerichteten Unterrichtsraum. Manchmal wird ein Schüler sogar einzeln unterrichtet. Er lernt dann oft in kurzer Zeit erstaunlich viel.

In so einer Klasse sind nicht alle Kinder gleich alt. Sie kommen von verschiedenen Schulen. Die kleinen Patienten fühlen sich oft unwohl und können deshalb nicht so gut lernen. Es gibt aber häufig Zeiten, in denen die Kinder auf dem Weg der Besserung sind. Dann freuen sie sich sogar richtig auf das Lernen.
Unterrichtet werden nur die Fächer, die am wichtigsten sind: Deutsch, Mathematik und Sprachen. Der Lehrer der Heimatschule, die Eltern und oft auch die Mitschüler halten engen Kontakt. So ist der Krankenhauslehrer meist gut informiert, was gerade durchgenommen wird.

Zurzeit ist Leonies Lehrer erkältet. Deshalb muss er einen Mundschutz tragen, damit er Leonie und ihre Mitschüler nicht ansteckt. Kranke Kinder haben oft nur ganz wenige Abwehrkräfte. Durch den Mundschutz wird verhindert, dass Krankheitserreger übertragen werden.

---

1 Warum musste Leonie operiert werden?

Sie hatte …

☐ … eine Blinddarmentzündung.

☐ … eine Nierenerkrankung.

✗ … einen Gehirntumor.

2 Was ist eine „Schule für kranke Kinder"?

☐ eine Klinikschule für alle Kinder

☐ eine Klinikschule für krebskranke Kinder

✗ eine Klinikschule für Kinder mit schweren Krankheiten

3 Wie viele Unterrichtsstunden erhält ein krankes Kind pro Tag in einem Schulkrankenhaus?   ein bis zwei Stunden

4 Mit welchem Wort wird der schulische Fortschritt eines einzeln unterrichteten Kindes beschrieben?

☐ riesig   ☐ gewaltig   ✗ erstaunlich   ☐ beträchtlich

5 Welche Personen halten oft guten Kontakt zum Krankenhauslehrer?

a) Lehrer   b) Eltern   c) Mitschüler

6 Welches Wort steht nicht im Satz? Vergleiche mit dem Text und streiche durch.

Zurzeit ist Leonies Lehrer ~~stark~~ erkältet.

7 Welche Fächer werden in der Schule für kranke Kinder meist unterrichtet? Kreise diese Fächer ein.

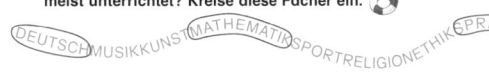

DEUTSCHMUSIKKUNSTMATHEMATIKSPORTRELIGIONETHIKSPRACHEN

Richtig oder falsch

1 Welche Sätze ergeben einen Sinn? Kreuze sie an.

Lies genau. Lass dich nicht täuschen, auch wenn es auf den ersten Blick leicht aussieht.

☐ Abends gehe ich ins Bett und ziehe meinen Schlafanzug aus.

☐ Meine Schwester Christian darf bei ihrer Freundin übernachten.

✗ Nach dem Weihnachtsfest kommt bald Silvester.

✗ Mein Vater ist schon lange Polizist und hat einen spannenden Beruf.

✗ Mamas beste Freundin ist 38 Jahre alt und heißt Marion.

✗ Im Winter kann man in unserer Gegend manchmal Schlitten fahren.

✗ Nach dem Monat Oktober kommt der Monat November.

☐ Nach dem Monat Dienstag kommt der Monat Mittwoch.

☐ Oma macht den Fernseher aus und setzt sich gemütlich davor.

☐ In einem Schreibwarengeschäft kann man Stifte und Nägel kaufen.

☐ Der Zug fährt am Bahnhof los, während die Leute einsteigen.

✗ Mit einem Thermometer kann man Temperaturen messen.

☐ Mario schießt beim Fußballspiel am Sonntag ein Tor ins Aus.

✗ In diesem Sommer fahren wir nach Südtirol zum Bergsteigen.

☐ Beim Gemüsehändler kaufe ich ein Kilo Winterstiefel.

☐ Papa verstaut Schraubenzieher und Hakennase im Werkzeugkasten.

✗ Im Hochsommer treffen wir uns gerne am See zum Schwimmen.

☐ Im Winter frühstücken meine Familie und ich immer auf dem Balkon.

✗ Spülmaschine und Bügeleisen sind elektrische Haushaltsgeräte.

✗ Aus dem Radio ertönt ein lustiges Lied, bei dem ich gleich mitsinge.

☐ Am Abend, wenn die Sonne aufgeht, lege ich mich zum Schlafen hin.

☐ Im Radio höre ich mir gerne spannende Filme über Tiere an.

Die neue Sitzordnung

1 Die Lehrerin Frau Hanser hat ihre Schüler umgesetzt. So sieht nun die erste Reihe aus. Trage die Namen der Kinder richtig in die Namensschilder ein. Male die Dinge dazu, die du aus den Sätzen noch erfährst.

Löse die Aufgabe vorher auf einem leeren Blatt Papier.

Stirnband Zöpfe Locken rote Backen Schal Mütze

Lisa Mona Sofia Luis Marc Murat

Marc sitzt zwischen Murat und Luis. Er hat einen Schal um.

Sofia hat einen Lockenkopf und sitzt am mittleren Tisch.

Mona sitzt neben Lisa. Sie hat lange Zöpfe.

Murat hat nur einen Nachbarn. Er hat seine Pudelmütze noch auf.

Lisa sitzt auf dem Bild links außen und trägt ein Stirnband.

Das Kind zwischen Sofia und Marc hat vor Aufregung ganz rote Backen.

Rotbackig und saftig hängen im Herbst
die Äpfel an den Bäumen. Sie warten
nur noch darauf, gepflückt zu werden.
Viele Äpfel liegen aber auch am Boden.
Sie haben braune Flecken und Löcher,
an denen schwarze Krümelchen kleben.
Schneidest du so einen Apfel auseinander,
entdeckst du einen kleinen Gang, der von
außen bis hinein ins Kerngehäuse führt.
Durch diesen sogenannten „Fraßgang"
hat sich eine kleine Raupe gefressen und
es sich im Apfelinneren gemütlich gemacht.

Mitte Mai bis Anfang Juni legen die weiblichen Falter des „Apfelwicklers"
jeweils 60 bis 100 Eier an Blättern und jungen Früchten von Obstbäumen ab.
Aus jedem Ei schlüpft nach etwa ein bis zwei Wochen eine kleine Raupe. Sie
krabbelt etwa zwei bis drei Tage auf den jungen Früchten herum,
bis sie sich schließlich durch die Schale bohrt, um sich dann zielstrebig
bis zum Kerngehäuse durchzufressen. Dabei scheidet sie kleine,
schwarze Kotkügelchen aus, die du sicher schon einmal in einem Apfel
entdeckt hast.

Vier Wochen lang wohnt nun das Tierchen im Inneren der Frucht.
Es futtert sich mit Apfelfleisch so richtig voll. Dabei entwickelt es sich
zu einer etwa 20 mm großen Raupe. Nun verlässt die ausgewachsene Raupe
wieder die Frucht. An einem seidenen Faden seilt sie sich dann
auf die Rinde des Baumes ab und verkriecht sich.

Unter der Rinde verpuppt sie sich. Im Spätsommer oder sogar erst
im nächsten Frühjahr schlüpft aus der Puppe ein Schmetterling.
Es ist ein Nachtfalter mit silbergrauen Flügeln, der sogenannte „Apfelwickler".
Die weiblichen Falter legen Eier. Nun beginnt der Kreislauf von Neuem.

---

① **Wie entwickelt sich ein Apfelwickler?**
Nummeriere in der richtigen Reihenfolge.

2 Aus jedem Ei schlüpft nach etwa ein bis zwei Wochen
eine kleine Raupe.

7 Im Spätsommer, oder sogar erst im nächsten Frühjahr,
schlüpft aus der Puppe ein Schmetterling.

5 Dabei entwickelt sie sich zu einer etwa 20 mm großen Raupe.

1 Mitte Mai bis Anfang Juni legen die weiblichen Falter
jeweils 60 bis 100 Eier an Obstbäumen ab.

6 Nun verlässt die ausgewachsene Raupe den Apfel.
An einem seidenen Faden seilt sie sich auf die Rinde
des Baumes ab und verpuppt sich.

3 Die kleine Raupe bohrt sich durch die Schale des Apfels
und frisst sich zielstrebig zum Kerngehäuse durch.

4 Vier Wochen lang wohnt nun das Tierchen im
Inneren der Frucht.

Schau im Internet, ob du ein Bild von einem Apfelwickler findest.

② **Verbinde die Entwicklung des Apfelwicklers mit Pfeilen.**

Apfelwickler

Ei → Raupe

Puppe

In meinem Kinderzimmerkleiderschrank ist
eine schreckliche Unordnung. Neben dem
Fürdieschulekleid liegt mein Sonntagsausgehkleid
und neben meiner Rodelundskihose befindet sich
meine Wasserplanschundschwimmhose.

Wenn ich nicht bald aufräume, finde ich gar nichts mehr!
Gestern zum Beispiel habe ich meine
Einfachnursozumaufsetzenmütze gesucht,
aber nur meine Hältdieohrenwarmmütze gefunden.
Dabei brauche ich diese Mütze doch nur im Winter,
genauso wie meine Fingerwarmhaltehandschuhe.
Anders ist das mit meinen Radfahrvordemhinfallenschutzhandschuhen.
Die erfüllen einen ganz bestimmten Zweck und ich kann sie nur
zu bestimmten Zeiten anziehen.
Hingegen kann ich meine Alletagewohlfühlhose immer brauchen.

Sie liegt im Schrank ganz unten, direkt neben
dem Lieblingsrotpullover. Aber wo ist
meine Nurwennesseinmussanziehhose?
Und wer hat meinen
Vonderschwesterschenkpulli gesehen?

Vielleicht sollte ich mir heute Nachmittag
einmal Zeit zum Aufräumen nehmen.
Dann tauchen sicherlich auch wieder meine
Mamastrickwollsocken, mein Fußballdabeihabeschal
und mein Besonderswarmunterhemd auf.
Jetzt, wo es allmählich wieder kälter wird, kann ich
das alles gut brauchen. Außerdem möchte ich morgen
meine Rotundweißpunktbluse anziehen.
Am besten ich fange sofort an, aufzuräumen. Dann wird
aus meinem Totalchaoskinderzimmerkleiderschrank
vielleicht wieder ein Sofortfindekinderzimmerkleiderschrank.
Das wäre doch gar nicht so schlecht, oder?

---

① **Warum heißt die Geschichte**
„Kinderzimmerkleiderschrankunordnung"?

☐ Weil das Kind in der Geschichte einen neuen Kleiderschrank möchte.

☒ Weil das Kind in der Geschichte seinen Kleiderschrank aufräumen will.

☐ Weil das Kind in der Geschichte keine Lust zum Aufräumen hat.

② **Unterstreiche alle Kleidungsstücke im Text.**

Wie viele Kleidungsstücke sind es? 17

Nicht alle zusammengesetzten Wörter sind Kleidungsstücke!

③ **Im Text steht: „Die erfüllen einen ganz bestimmten Zweck**
und ich kann sie nur zu bestimmten Zeiten anziehen."
Welches Kleidungsstück ist damit gemeint?

☐ die Radfahrschönwetteranziehhandschuhe

☒ die Radfahrvordemhinfallenschutzhandschuhe

☐ die Fingerwarmhaltehandschuhe

Welchen Zweck erfüllen sie?

☐ Sie schützen die Hände vor Regen und Kälte.

☒ Sie schützen die Hände bei einem Sturz.

④ **Aus wie vielen Einzelwörtern bestehen diese Kleidungsstücke im Text?**

Bluse: 5   Schal: 5   Socken: 4

⑤ **Welche dieser Hosen kommen nicht im Text vor? Streiche sie durch.**

• eine Hose, die man nur anzieht, wenn es unbedingt nötig ist

• eine Hose, die man gerne jeden Tag anzieht

• ~~eine Hose, die man nur in die Schule anzieht~~

• eine Hose, die man draußen im Schnee anzieht

• eine Hose, die man zum Baden anzieht

• ~~eine Hose, die man nur am Sonntag anzieht~~

Wolfgang Amadeus Mozart war einer der berühmtesten Komponisten der Welt. Er hieß eigentlich Johannes Chrysostomus Wolfgangus Theophilus Mozart. Aber von seiner Familie wurde er nur „Wolferl" genannt. Er wurde 1756 in Salzburg geboren. Zusammen mit seiner Schwester „Nannerl" wuchs er in einer sehr musikalischen Familie auf. Vater Leopold war Musiklehrer und unterrichtete beide Kinder selbst.

Mozart war ein besonderes Kind. Bereits mit vier Jahren lernte er Klavier. Mit sechs Jahren spielte er auch noch wunderbar Geige und komponierte schon selber kleine Musikstücke. Er war so erfolgreich, dass er in diesem Alter öffentliche Auftritte in Österreich und in einigen Städten Europas hatte. Als Jugendlichen bestellte man ihn sogar zum Konzertmeister in Salzburg.

Mozart verbrachte insgesamt über zehn Jahre seines kurzen Lebens auf Konzertreisen quer durch Europa. Damals gab es noch keine Autos. Deshalb mussten die Menschen sich in unbequemen Kutschen durchschütteln lassen und auf den Wegstrecken in einfachen Wirtshäusern übernachten. Durch seine Reisen wurde Mozart in ganz Europa berühmt.

Damals waren die Menschen auch anders gekleidet. Man trug z. B. Perücken. Diese waren hinten zu einem Zopf geflochten, der von einer Schleife gehalten wurde. Noch heute nennt man diese Art von Frisur „Mozartzopf". Die Frauen trugen Kleider mit Reifröcken, die Männer Kniehosen und seidene Strümpfe.

Mozart schrieb in seinem Leben über 600 Musikstücke. Zu den berühmtesten Werken gehören die „Kleine Nachtmusik" und die Oper „Die Zauberflöte".

Aber trotz seines Erfolges schaffte Mozart es nicht, reich zu werden. Verarmt starb er mit nur 35 Jahren an einer unheilbaren Krankheit. Sein Geburtshaus in Salzburg kann man heute besichtigen, es ist ein Museum.

---

1 Der Text kann in sechs Abschnitte gegliedert werden.
a) Nummeriere die Überschriften für die einzelnen Abschnitte in der Reihenfolge, wie sie im Text vorkommen.
Achtung! Zwei Überschriften sind falsch!

6 Mozarts Lebensende		2 Mozart Wunderkind
___ Was aß Mozart am liebsten?		1 Wer war W. A. Mozart?
5 Berühmte Werke		3 Mozart auf Reisen
4 Kleidung zur Zeit Mozarts		___ Mozart in Wien

b) Zeichne Rahmen um die sechs Abschnitte.

Hör dir doch mal eine Mozart-CD an.

2 Wie heißt das gesuchte Wort, das sich hinter dem Unsinnswort verbirgt?

Mozart kuddelte viele bekannte Werke. Bereits als Kind kuddelte er kleine Stücke.

Das gesuchte Wort heißt: __komponierte__

3 Für die unterstrichenen Wörter findest du andere Formulierungen im Text. Schreibe sie dahinter.

… spielte er auch noch fantastisch Geige … __wunderbar__

… war einer der bekanntesten Komponisten … __berühmtesten__

… trotz seines Ruhms schaffte Mozart … __Erfolges__

4 Wie oft kommt „Mozart" als Wort und Wortteil auf der Seite 44 vor?

__9__ mal

Samstag, 11. Januar

ARD	ZDF	KIKA
10.03 Frau Holle TV-Märchen D 2008	**9.15 ZDF Sport Extra** Weltcup-Riesenslalom aus Garmisch	**8.55 Siebenstein**
11.00 Kopfball Wissenssendung	**11.30 Scooby Doo 2** Die Monster sind los Fantasykomödie USA 2004	**9.25 Kleiner roter Traktor** Zeichentrickserie
11.30 Die Sendung mit der Maus	**12.55 heute** Nachrichten	**10.00 Benjamin: bärenstark!** Zeichentrickserie
12.00 Tagesschau Nachrichten	**13.05 Frankreich – Land der Genüsse** Kochsendung	**10.30 logo!** Kindernachrichten
12.10 Seehund, Puma & Co. Zoodokumentation	**13.35 Die wilden Hühner** Kinderkomödie nach Cornelia Funke, D 2006	**10.45 Löwenzahn** Fritz geht den Geheimnissen des Telefons auf den Grund
13.00 Asterix und die Wikinger Zeichentrick, F/DK 2006	**15.10 Michel** Kinderabenteuer, S 1972	**11.30 Die Sendung mit der Maus**
14.50 Weltreisen – Winter in Lappland	**16.30 heute** Nachrichten	**12.00 Dornröschen** TV-Märchenfilm, D 2008
15.20 Europamagazin aktuelle Berichte aus Europa	**16.40 Wetter**	**13.20 Das fliegende Klassenzimmer** Kinderklassiker, D 2003

Lies dir die Programmseite mehrmals durch.

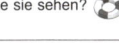

1 Wie heißt die Sendung, in der Fritz Geheimnissen auf den Grund geht?
Löwenzahn

2 Wie heißt die Sendung, die Kindernachrichten bringt?
logo!

3 Welche Märchenfilme kommen an diesem Tag?
Frau Holle, Dornröschen

4 Auf welchem Sender gibt es einen Wetterbericht?
ZDF (Tagesschau, logo!)

5 Wer hat das Buch zum Film „Die wilden Hühner" geschrieben?
Cornelia Funke

6 Auf welchen Sendern kann man „Die Sendung mit der Maus" sehen?
ARD, KIKA

7 Um welche Art von Sendung handelt es sich bei „Kopfball"?
Wissenssendung

8 Wie heißt die Nachrichtensendung im ZDF?
heute

9 In welchem Land und in welchem Jahr wurde „Scooby Doo 2" gedreht?
USA, 2004

10 Mama verreist gerne. Welche Sendung möchte sie nicht verpassen?
Weltreisen – Winter in Lappland

11 Oma möchte neue Rezepte ausprobieren. Was möchte sie sehen?
Frankreich – Land der Genüsse

12 Welcher Film dauert 1 Stunde und 50 Minuten?
Asterix und die Wikinger

1 Piraten, die Räuber auf den Meeren

Seit ungefähr 3000 Jahren gibt es auf allen Meeren dieser Welt Piraten. Sie warten überall dort, wo Handelsschiffe reich mit Waren beladen unterwegs sind. Im geeigneten Moment rauben und plündern sie mit Gewalt ein Schiff.

2 Piraten haben viele Namen

In Deutschland wurden Piraten auch „Seeräuber" genannt. Die Griechen gaben ihnen den Namen „Peirates". Bei den Römern bezeichnete man sie als „Piratae". Die „Wikinger" trieben in der Nord- und Ostsee ihr Unwesen. Die vorherrschenden Piraten der nordafrikanischen Küste waren die „Korsaren".

3 Piraten mit königlicher Erlaubnis

Früher schlossen einige Könige mit den Seeräubern Verträge. Sie gaben ihnen sogenannte „Kaperbriefe" und beauftragten sie damit, Handelsschiffe oder feindliche Kriegsschiffe anzugreifen und auszurauben. Die Piraten wurden nicht bestraft und durften die Hälfte der Beute behalten. Der König nahm sich die andere Hälfte und das erbeutete Schiff. Allerdings hielten sich die Piraten nicht immer an die Abmachungen.

4 Piratenraubzüge früher

Handelsschiffe waren früher große, schwer beladene Segelschiffe. Um diese einzuholen, benötigten die Piraten schnelle, wendige Boote. Mit zweimastigen Segelschiffen fuhren sie dicht an die ausgespähten Schiffe heran. Dann warfen sie schnell den Enterhaken hinüber und schwangen sich mit langen Seilen auf das Deck.

5 Moderne Piraten

Heutzutage sind Piraten mit modernen Schnellbooten unterwegs. Gewaltsam zwingen sie die großen Schiffe zum Anhalten. Sie sind nicht mehr an der Ladung interessiert, sondern lassen das Schiff nach Erhalt von Lösegeld weiterfahren.

(zitiert nach www.kidsweb.de)

48

---

1 Welche Überschriften passen zu den einzelnen Textabschnitten? Ordne sie zu und schreibe sie auf die Zeilen.

- Piratenraubzüge früher (T)
- Piraten haben viele Namen (E)
- Piraten mit königlicher Erlaubnis (U)
- Moderne Piraten (E)
- Piraten, die Räuber auf den Meeren (B)

Lösungswort: B E U T E
            1 2 3 4 5

2 Wie lauten weitere Namen für das Wort „Piraten"?

a) Seeräuber   b) Peirates   c) Piratae

d) Wikinger   e) Korsaren

3 Wie wurden die Verträge zwischen Königen und Piraten genannt?

Kaperbriefe

4 Wie heißt der Haken, mit dem die Piraten ein Schiff überfallen?

☐ Entenhaken   ☐ Entenhacken   ☐ Enterhacken   ☒ Enterhaken

5 Wie viele Masten hatte ein Piratenschiff?

☐ 1 Mast   ☒ 2 Masten   ☐ 3 Masten   ☐ 4 Masten

6 Wodurch unterscheiden sich „frühere Piraten" von „modernen Piraten"?

Frühere Piraten interessierten sich für die Ladung eines Schiffes. Moderne Piraten verlangen Lösegeld.

49

Eine kleine Maus sprang fröhlich um einen schlafenden Löwen herum. Da er sich nicht rührte, begann sie sogar, auf ihm herumzutanzen. Als sie gerade auf seiner Pranke saß, wurde der König der Tiere wach und packte sie. Er wollte die Maus auffressen.
„Ich bitte dich", flehte die zappelnde Maus, „verschone mein Leben! Was würde mein Tod dir nützen? Ich bin doch nur ein kleiner Happen für dich. Wenn du mir das Leben schenkst, werde ich mich dankbar erweisen."

Da lachte der Löwe. Er betrachtete das kleine Tier eine Weile, ließ es dann aber los und dachte bei sich: „Wie wird so ein winziges Wesen wohl dem König der Tiere seinen Dank erweisen können?"
Die Maus rannte erleichtert davon, während ihr der Löwe noch lange schmunzelnd nachsah. Nach einiger Zeit jedoch verfing der Löwe sich in den Netzen von Jägern. Selbst mit aller Kraft, die ihm die Angst verlieh, vermochte er sich nicht mehr aus den Schlingen zu befreien. Da kam die Maus angelaufen und nagte emsig mit ihren scharfen Zähnen eine der Maschen entzwei. Es war zwar nur eine einzige Masche, aber dadurch begannen sich die anderen zu lösen. Der Löwe konnte so seine Fesseln zerreißen und entkommen.

(nach Äsop)

50

---

1 Wie wird der Löwe in der Geschichte bezeichnet?

☒ König der Tiere   ☐ König der Löwen

☐ König der Steppe   ☐ Mäusekönig

2 Wer hat den Löwen gefangen?

☐ Schlingenleger   ☒ Jäger   ☐ Wilderer   ☐ Tierfänger

3 Verbinde Satzanfang und Satzende richtig.

Die Maus rettet den Löwen … und zeigt sich großherzig.

Der Löwe lässt die Maus frei … und hält das Versprechen.

Die Jäger haben das Nachsehen … und ihnen entwischt die Beute.

4 Was wäre passiert, wenn der Löwe die Maus gefressen hätte?

☐ Er wäre satt gewesen.

☐ Er wäre an der Maus erstickt.

☒ Die Maus hätte ihm später nicht helfen können.

☐ Der Löwe wäre den Jägern nicht ins Netz gegangen.

5 Unterstreiche die Eigenschaften der Maus rot und die des Löwen blau.

leichtsinnig   großmütig   hilfsbereit   majestätisch   ungläubig   flink

6 Welche Lehre kannst du aus der Geschichte ziehen?

☐ Man soll sich nicht auf andere verlassen.

☒ Auch Kleinen kann man etwas zutrauen.

☐ Kleine brauchen nur große Freunde.

7 Welche Eigenschaften treffen auf Maus und Löwe zu? Kreise sie ein.

hilflos   feige   dankbar   erleichtert

verzweifelt   übermütig   frech   langweilig

51

Fußball ist die beliebteste Sportart auf der ganzen Welt. In Europa spielten die Menschen bereits im Mittelalter Fußball. Damals gab es noch kein begrenztes Spielfeld, keine Tore und keine festgelegten Regeln. Bei einem Spiel trugen benachbarte Dörfer heftige Kämpfe gegeneinander aus. Jeder durfte mitspielen und versuchen, den Ball ins gegnerische Dorf hineinzuschießen.

Erst im Jahre 1863 wurde in England die erste Fußballvereinigung gegründet. Auf den Spielfeldern ging es immer noch ziemlich ruppig zu. Untereinander wurden Tritte und Faustschläge ausgeteilt. Der Verband legte deshalb erste verbindliche Fußballregeln fest. Im Jahre 1900 wurde in Deutschland „Der Deutsche Fußballbund" (DFB) ins Leben gerufen. Frauen durften damals noch nicht Fußball spielen. Das war ausschließlich ein Spiel für Jungen und Männer.

Seit der WM 1970 werden Verstöße mit der gelben oder roten Karte geahndet. Die vorschriftsmäßige Spielerbekleidung besteht aus einem Trikot, kurzer Hose, Schienbeinschonern, Stutzen und Fußballschuhen. Auf dem Spielfeld stehen sich zwei Mannschaften mit jeweils zehn Feldspielern und einem Torwart gegenüber. Die Breite einer weißen Feldlinie beträgt höchstens 12 cm. Ein Spiel dauert zweimal 45 Minuten. Dazwischen liegt die Halbzeitpause von 15 Minuten. Das Gewicht des Fußballs ist mit maximal 450 Gramm festgelegt. Besonders merkwürdige Maße hat ein Fußballtor. Es ist 7,32 m breit und 2,44 m hoch. Das ergibt sich aus der Umrechnung aus dem englischen Maß: 8 „yard" mal 8 „feet".

1 yard = 0,9144 m
8 yard = 7,32 m

1 foot = 0,3048 m
8 feet = 2,44 m

52

1 **Was tragen die Feldspieler bei einem Fußballspiel? Kreise ein.**

Fußballschuhe   lange Hose   Beinschienen   Schienbeinschoner
Trikot   Handschuhe   Stutzen   kurze Hose   Helm

2 **Welche Maße hat ein Fußballtor?**

Breite: 7,32 m   Höhe: 2,44 m

3 **Mit welcher Karte wird beim Fußballspiel ein Regelverstoß angezeigt?**

☐ rote oder grüne Karte   ☐ rote oder blaue Karte
☒ rote oder gelbe Karte   ☐ rote oder weiße Karte

4 **Was bedeutet beim Fußball die Abkürzung DFB?**

☐ Deutsches Fußballbett   ☐ Deutsches Fußballbein
☐ Deutsches Fußballband   ☒ Deutscher Fußballbund

5 **In welchem Land wurden vor ungefähr 150 Jahren die ersten Fußballregeln eingeführt?** England

6 **Wie breit dürfen die weißen Feldlinien höchstens sein?**

☐ 12 dm   ☐ 12 m   ☐ 12 km   ☒ 12 cm   ☐ 12 mm

7 **Wie viel Zeit vergeht vom Anpfiff eines Spiels bis zum Abpfiff?**

☐ 70 Minuten   ☐ 90 Minuten   ☒ 105 Minuten
                              (2 mal 90 min + 15 min Pause)

8 **Welches Gewicht dürfen zwei Fußbälle maximal haben?**   900 g

9 **Wie viele Feldspieler stehen bei einem Spiel auf dem Fußballplatz?**

☐ 10   ☐ 11   ☒ 20   ☐ 22   ☐ 24

53

Immer häufiger sieht man Schulkinder auf ihrem Schulweg mit einem Schulranzentrolley. Oft wird er nur kurz Schultrolley genannt und von den Kindern einfach hinter sich hergezogen. Nun ist Schluss mit der Schlepperei von schweren Schulranzen auf dem Rücken. In einer 3. Klasse wurde eine Umfrage durchgeführt. Die Kinder sollten sich äußern, ob sie so einen Schulranzen auf Rädern selbst benutzen würden. Sie sollten erklären, welche Gründe dafür oder dagegen sprechen.
Hier kannst du einige Meinungen dazu lesen:

Durch das einseitige Ziehen verdrehe ich mir bestimmt meine Wirbelsäule.

Niemals! Mit so einem Ding werde ich bestimmt von den anderen Kindern ausgelacht.

Ich denke, solche Schultrolleys sehen bestimmt sehr hässlich aus.

So etwas Blödes!

Viel zu schwer! Beim Treppensteigen muss ich dann mindestens noch 1 kg mehr hochschleppen!

Rollen statt schleppen, ich finde das toll!

So einen Trolley hinterherzuziehen, ist total praktisch!

Meine Schultasche wird jedes Jahr schwerer. Für mich wäre das ideal.

Ich finde solche Trolleys prima. Wenn man ihn abwechselnd links oder rechts zieht, ist es sicher auch ein gutes Rückentraining.

54

1 **Wie wird der Schulranzen auf Rädern oft genannt?**

☐ Schulrolley   ☐ Schulbolley   ☐ Schuldolley   ☐ Schultrulley
☐ Schultolley   ☐ Schullolley   ☒ Schultrolley   ☐ Schultralley

2 **Welches Bild zeigt ein Kind mit einem Schulranzentrolley? Kreuze richtig an.**

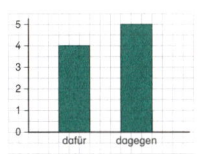

☐   ☒   ☐

3 **Was wurde in der 3. Klasse durchgeführt?**

☐ eine Meinungsabfrage   ☐ eine Meinungsanfrage
☐ eine Meinungswegfrage   ☐ eine Meinungsausfrage
☒ eine Meinungsumfrage   ☐ eine Meinungsvorfrage

 positiv bedeutet hier: dafür sein

4 **Welche Meinungen sprechen für den Trolley? Male die positiven Aussagen in den Sprechblasen farbig an.**

5 **Wie viele Kinder sind für, wie viele Kinder sind gegen einen Schultrolley? Zeichne die Balken richtig ein.**

dafür   dagegen

6 **Welches Kind begründet seine Meinung nicht? Schreibe diese Aussage auf.**

So etwas Blödes!

55

Der Fuchs ist eine bekannte Tierart, die in vielen Ländern der Erde
zu Hause ist. In deutschen Wäldern finden wir den Rotfuchs vor.
Andere Fuchsarten wären zum Beispiel der Graufuchs, der Polarfuchs
oder der Andenfuchs. Der Graufuchs ist in Nordamerika anzutreffen,
der Polarfuchs in Kanada, der Andenfuchs in Südamerika.
Füchse sind Säugetiere. Das bedeutet, dass die Jungen nach ihrer
Geburt bei der Mutter Milch saugen und auf diese Weise Nahrung
erhalten. Die Füchsin trägt ihre Jungen ca. 50 Tage aus, ehe sie
geboren werden. Vier bis sechs Jungen erblicken dann das Licht
der Welt. Nach 12 bis 14 Tagen öffnen die Jungen erstmals ihre Augen.
Die Welpen (so nennt man die jungen Füchse) werden vier bis sechs
Wochen lang von der Mutter gesäugt. Nach ca. einem Monat verlassen
sie erstmals den Fuchsbau.

Der Rotfuchs wiegt zwischen fünf und sieben Kilogramm, wobei ein
männlicher Fuchs (genannt Rüde) schwerer wird als ein weiblicher
Fuchs (genannt Fähe).
Im Vergleich zur Körperlänge (ca. 70 cm) ist der Schwanz
des Rotfuchses (ca. 40 cm) relativ lang. Das Fell des Rotfuchses
ist auf der Oberseite rot, auf der Unterseite weiß.
Füchse ernähren sich von kleinen Beutetieren wie Mäusen.
Etwa 15 bis 20 Mäuse frisst der Fuchs pro Tag. Wenn er sich in
von Menschen bewohnten Gebieten aufhält, kann es sein, dass er
Mülltonnen nach Fleisch und anderer Nahrung durchwühlt.
Manchmal holt er sich auch eine Gans bei einem nahe gelegenen
Bauernhof. Natürliche Feinde des Fuchses sind der Steinadler oder
der Luchs. Der größte Feind des Fuchses ist jedoch der Mensch.
Viele Füchse kommen durch die Jagd ums Leben.

56

1 Auf welchem Bild ist der Rotfuchs abgebildet? Kreise ein.

2 Wahr oder falsch? Kreuze richtige Aussagen an.

Achtung! Lies im Text
genau nach. Manchmal
musst du gut überlegen.

☐ Die Rüde bringt vier bis sechs Jungen pro Wurf
zur Welt.

☒ Die Welpen ernähren sich die ersten 28 bis 42 Tage
von Milch.

☒ Fuchswelpen leben in den ersten vier Wochen im Fuchsbau.

☒ Der Schwanz des Rotfuchses ist ca. 30 cm kürzer als der Körper.

☐ Füchse essen kein Tier, das sie nicht selbst gejagt haben.

☐ Die Fuchswelpen verlassen nach etwa 60 Tagen den Fuchsbau.

☒ Füchse können die ersten zwei Wochen nach ihrer Geburt nicht sehen.

☒ Der Rotfuchs hat seinen Namen aufgrund seiner Fellfarbe.

☐ Die Unterseite des Fells ist beim Rotfuchs rötlich.

☒ Steinadler können Füchse erlegen.

☐ Die Welpen wachsen im Bauch der Rotfuchsfähe knapp
vier Monate heran.

☒ Bis zu 140 Mäuse frisst ein Fuchs pro Woche.

☒ Die größte Bedrohung für die Füchse stellen Menschen dar.

3 Verbinde Land und Fuchsart.

Die Anden sind
ein Gebirge.

Graufuchs ○   ○ Kanada

Rotfuchs ○   ○ Südamerika

Andenfuchs ○   ○ Nordamerika

Polarfuchs ○   ○ Deutschland

57

So ein Betrieb wie heute war schon lange nicht mehr gewesen!
Bereits morgens um 8 Uhr kamen die ersten Kunden zu Frau Bause,
der netten Dame am Bahnschalter.
„Einmal nach Köln und zurück", sagte ein junger, schlanker Herr
mit Brille. Er zückte seinen Geldbeutel und zahlte den Preis für
die Bahnfahrkarten. Dann packte er seine rechteckige, schwarze
Tasche und eilte davon.

Gleich hinter dem Herrn stand eine junge Dame mit Hut und
blauer Tasche in der Reihe und fragte: „Was kostet eine Fahrt
nach Düsseldorf am Wochenende?" Frau Bause erteilte freundlich
Auskunft. Die Dame stellte ihre Tasche ab und kaufte die Fahrkarte.
Wenig später war sie samt ihrer Tasche wieder verschwunden.
Kurz darauf kam ein altes Ehepaar an den Schalter. Die Dame
trug einen Regenschirm und eine grüne Tasche, der Herr führte
einen kleinen Hund mit sich. Sie kauften zwei Fahrkarten für
den Sonderzug nach Hamburg. Gemächlich gingen sie mit Hund
und Schirm wieder davon.
Nervös fragte kurz darauf ein vornehmer Herr mit einer auffallenden,
blauen Krawatte und einer kleinen, blauen Herrentasche:
„Können Sie mir schnell zwei Tickets für den ICE nach Mailand
für heute Nachmittag geben?" Natürlich konnte Frau Bause das!
Der Herr nahm Geld aus der Tasche, bezahlte die Tickets
und lief mit den Fahrkarten und dem Geldbeutel in der Hand davon.
Ein dicker Herr mit Glatze stellte krachend seine blaue Aktentasche
auf die Schalterablage. „Bitte eine Fahrkarte für den Regionalzug
nach Kassel!", sagte er. Als er davonging, beobachtete
Frau Bause, wie die schwere Aktentasche den Arm des Mannes
nach unten zog.
Doch sie hatte wenig Zeit zum Beobachten, weil das alte Ehepaar
noch einmal zurückkam. Sie hatten nämlich etwas vergessen.

58

1 Was hat das alte Ehepaar vergessen?

eine grüne Tasche

2 Nachdem Frau Bause dem alten Ehepaar sein Eigentum wieder-
gegeben hatte, entdeckte sie etwas: Auf der Bahnschalterablage
lag noch eine Tasche. Wer hatte die vergessen? Kreuze an.

☐ junger Herr mit Brille

☐ Dame mit Hut

☐ Frau Bause

☐ altes Ehepaar

☒ Herr mit Krawatte

☐ Herr mit Glatze

Unterstreiche im
Text die Kunden und
was sie dabei haben.

3 Wie viele Personen hatten eine blaue Tasche dabei?

_3_ Personen

4 Welche Dinge gehören zu wem?
Male in der gleichen Farbe an.

 junger Herr altes Ehepaar dicker Herr junge Dame vornehmer Herr

Brille

Aktentasche   Hund   Krawatte

Hut   grüne Tasche

Regenschirm   schwarze Tasche

59

A Die Party-Idee!

Feiere deinen Geburtstag in der Pizzeria. Du wirst mit deinen Freunden Pizza backen. Jeder kann sie nach seinen Vorstellungen belegen. Zur Begrüßung erhält jeder einen Kindersekt. Pro Kind ist noch ein weiteres Getränk frei. Anschließend machen wir Spiele. Ein Fotograf schießt während des Festes Bilder und fertigt ein Erinnerungsalbum für das Geburtstagskind an.
- Mindestens 8 Kinder zwischen 6 und 10 Jahren sollten es sein.
- Dauer: ca. 3 Stunden, samstag- oder sonntagmittags
- Kosten: je Teilnehmer 15 €
- Infos unter www.paolinospizzaparty.de oder unter Telefon 0 81 73 / 8 42 37

B Geburtstagsspaß ohne Ende!

Unser großer Indoor-Spielplatz erwartet dich und deine Geburtstagsgäste. In einer Halle von 2 500 qm gibt es Platz zum Toben und Spielen. Es erwarten euch z. B.: Riesenhüpfburgen, ein Bungee-Trampolin, Spieletische, ein Labyrinth, Ballbecken, Kletterwände, Spiralrutschen und mehr. Kostenlos für alle: eine Saftbar und Popcornautomaten! Wir organisieren auch betreute Spiele. In dieser Zeit können eure Eltern im angrenzenden Café entspannen.
Weitere Informationen:
Kinderland Miramix, täglich geöffnet von 10 bis 18 Uhr, für Kinder ab 8 Jahren
Ganztagesticket: Kinder 7,50 €, Erwachsene 3 €
Mehr unter Tel.: 0 97 63 / 24 34 27

C Dino-Museum öffnet Türen für Geburtstagsfeste!

Der informative Kindergeburtstag! Wer will nicht einen spannenden und lehrreichen Geburtstag bei uns verbringen? Für Kinder zwischen 5 und 9 Jahren machen wir besondere Geburtstagsführungen. Gruppenstärke: maximal 20 Kinder! Nach der Führung gibt es die Möglichkeit, mitgebrachte Speisen und Getränke in unserer Cafeteria zu verzehren. Danach geht es weiter mit einem bunten Programm: Spielen, Malen, Basteln oder Forschen nach Lust und Laune.
Das musst du wissen:
- 2 Erwachsene können kostenlos als Begleiter mit dabei sein
- Führung mit anschließendem Programm: 110 €
  (incl. Material und kleinem Geschenk)
- Mo – Fr 14 bis 17 Uhr und Sa / So 10 bis 13 Uhr

Anmeldung erbeten im Naturkundemuseum Oberreith, Telefon: 0 82 31 / 90 98 97

60

Bei den Aufgaben 2 bis 4 reicht es, wenn du den entsprechenden Buchstaben aus der Anzeige als Antwort notierst (A, B oder C).

(1) Was wird bei den Anzeigen nicht angeboten?
Streiche durch.
- Geburtstag im italienischen Restaurant
- ~~Kindergeburtstag im Cineplex-Kino~~
- ~~Party im Dino-Zoo Hellabrunn~~
- Geburtstag in einer großen Spielehalle
- ~~Badespaß-Fete im Wellenschwimmbad~~

(2) Welchen Veranstalter kann man im Internet besuchen? _A_

(3) Hanna wird 10 Jahre alt. Welches Programm fällt für sie weg? _C_

(4) Jedes Kind hat an einer der drei Veranstaltungen teilgenommen. An welcher? Notiere A, B oder C in die Kästchen.

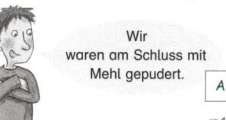

Wir waren am Schluss mit Mehl gepudert. **A**

Wir haben ein kleines Geschenk bekommen. **C**

Wir wurden von einem Fotografen geknipst. **A**

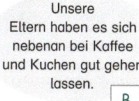

Unsere Eltern haben es sich nebenan bei Kaffee und Kuchen gut gehen lassen. **B**

Wir haben gebastelt und etwas über die Natur früher herausgefunden. **C**

Wir waren bis 18 Uhr bei der Party! **B**

61

Eines Tages beschlossen die Bürger der kleinen Stadt Schilda, ein Rathaus zu bauen. Es sollte ein ganz besonderes sein. Dreieckig wollten es die Schildbürger haben, um möglichst viele Besucher in die Stadt zu locken. Die Männer packten an und mauerten Stein um Stein aufeinander. Innerhalb kürzester Zeit war das Gebäude fertig. Es gab eine feierliche Eröffnung. Doch dabei wurden erste Stimmen laut: „Es ist ziemlich dunkel hier drinnen!"

Die Schildbürger überlegten, wie sie es im neuen Rathaus heller machen könnten. Einer von ihnen sagte: „Licht ist doch eines der Elemente – so wie Wasser auch! Also können wir es ebenso wie Wasser mit Eimern in das Rathaus tragen." Sogleich rannten die Bürger los. Sie holten Eimer, Beutel, Säcke, Schubkarren und mehr. Damit sammelten sie draußen Licht ein und entleerten es ins Rathaus. Doch komisch, das neue Bauwerk blieb stockdunkel. Die Leute verstanden die Welt nicht mehr.
Da kam ein anderer Schildbürger auf die Idee, das Dach einfach abzudecken. Gesagt – getan! Endlich gab es Licht im Rathaus. Im Herbst aber wurde es ungemütlich im Rathaus. Es regnete und stürmte, sodass der Bürgermeister und seine Mitarbeiter ständig nass wurden. Und im eisig kalten Winter konnte keiner mehr in dem Gebäude arbeiten. So wurde eben das Dach wieder zugedeckt. Jetzt war es aber erneut stockfinster in dem Bau.
Eines Morgens rief ein besonders Schlauer: „Wir haben bei unserem Rathaus ja die Fenster vergessen!" Alle Schildbürger kamen angelaufen und erkannten den Fehler.
Deshalb wurde das Rathaus von Schilda berühmt – und zwar nicht wegen seiner dreieckigen Form!

(nach Karl Simrock)

62

Kontrolliere Wort für Wort.

(1) Markiere die 20 Unterschiede in diesem Text.

Eines Morgens beschlossen die Bürger der kleinen Stadt Schilda, ein Rathaus zu bauen. Es sollte ein ganz besonderes sein. Fünfeckig wollten es die Leute haben, um möglichst viele Besucher in die Stadt zu locken. Die Männer packten an und mauerten Stein auf Stein aufeinander. Innerhalb kürzester Zeit war das Gebäude fertig. Es gab eine Eröffnungsfeier. Doch dabei wurden erste Stimmen laut: „Es ist ziemlich duster hier drinnen!"

Die Schildbürger überlegten, wie sie es im neuen Rathaus heller machen könnten. Einer von ihnen sprach: „Licht ist doch eines der Elemente – so wie Wasser auch! Also können wir es genauso wie Wasser mit Eimern in das Rathaus tragen." Sofort rannten die Bürger los. Sie holten Eimer, Säcke, Beutel, Schubkarren und mehr. Damit sammelten sie draußen Licht ein und leerten es ins Rathaus. Doch komisch, das neue Bauwerk blieb stockfinster. Die Leute verstanden die Welt nicht mehr.
Da kam ein anderer Schildbürger auf die tolle Idee, das Dach einfach abzudecken. Gesagt – getan! Endlich gab es Helligkeit im Rathaus. Im Herbst aber wurde es ungemütlich im Rathaus. Es regnete und stürmte, sodass der Bürgermeister und seine Ratsleute ständig nass wurden. Und im eisig kalten Winter konnte keiner mehr in dem Haus arbeiten. So wurde eben das Dach wieder zugedeckt. Jetzt war es aber erneut stockfinster in dem Gebäude.
Eines Morgens rief ein besonders Kluger: „Wir haben bei unserem Rathaus ja alle Fenster vergessen!" Alle Schildbürger kamen angelaufen und erkannten den Fehler.
Deshalb wurde das Rathaus von Schilda berühmt – und zwar nicht wegen seiner dreieckigen Form!

(nach Karl Simrock)

63

Lustige Rätsel und Scherzfragen

Arbeite mit Bleistift, dann kannst du leichter verbessern.

1 Was gehört zusammen? Notiere die Lösungsbuchstaben.

1	Welcher Zahn ist nicht im Mund?	Federball	**B**
2	Welche Maus hat keine vier Beine?	Seepferdchen	**I**
3	Welcher Ball rollt nicht?	Zaunkönig	**S**
4	Welches Pferd kann man nicht reiten?	Löwenzahn	**D**
5	Welcher König hat kein Reich?	Computermaus	**U**
6	Wer hat Rücken und Flügel und läuft manchmal?	Nachtisch	**I**
7	Welche Ratte ist kein Nagetier?	Fingerhut	**N**
8	Welcher Tisch hat keine Beine?	Ohrmuschel	**R**
9	Welchen Hut setzt man nicht auf den Kopf?	Raumschiff	**T**
10	Welche Muschel lebt nicht in Gewässern?	Nase	**T**
11	In welchem Bett schläft man nicht?	Leseratte	**E**
12	Welches Schiff schwimmt nicht auf Wasser?	Nagelbett	**Ä**
13	Welcher Vogel hat keine Flügel?	das „F/f"	**E**
14	Was ist beim Fisch groß und beim Elefanten klein?	Scherzvogel	**S**
15	Welche Bilder sieht man nur im Dunkeln?	Schatten	**K**
16	Was geht mit mir Baden und wird nicht nass?	Sternbilder	**L**
17	Welcher Richter arbeitet bei keinem Gericht?	Geistesblitz	**I**
18	Wer hat einen Kopf und keine Füße?	Schiedsrichter	**Ö**
19	Welcher Blitz ist ungefährlich?	Purzelbaum	**G**
20	Welcher Baum hat keine Äste?	Nagel	**N**

D U   B I S T   E I N   R Ä T S E L K Ö N I G !
1 2   3 4 5 6   7 8 9   10 11 12 13 14 15 16 17 18 19 20

1 **Streiche falsche Sätze durch.**

- Die Wildbiene lebt immer in Gruppen.

- Die Wildbiene sticht nur, wenn sie in die Enge getrieben wird.

- Die Larven der Wildbiene sind unter der Erde.

- Wildbienen sind meist größer als Honigbienen.

- In Deutschland gibt es keine Wildbienen.

- Die Larven ernähren sich auch von Pollen.

- Wildbienen sind friedliche Tiere.

- Wildbienen und Honigbienen sind die gleichen Bienen.

- In Löchern eines Baumstammes können sich Wildbienen auch entwickeln.

- Wir müssen uns vor Wildbienen schützen.

- Wildbienen bringen Blütenstaub von einer Pflanze zur anderen.

- Wildbienen sammeln keinen Nektar.

- Die Bestäubung ist für die Entwicklung von Früchten und neuer Pflanzen wichtig.

1 **In jedem Satz befindet sich ein überflüssiges Wort.
Streiche es durch.**

In der letzten heute Stunde haben wir Mathematik.

Mein Heft, in dem ich gerade arbeite, ist leider Zahlen voll.

Doch da läutet in unserer mein Klasse bereits der Gong.

Nach der gleich Schule gehe ich nach Hause.

Auf dem Weg besorge ich mir noch ein neues Heft heim.

Zu Hause klingle ich hungrig an mit der Tür.

Meine Mutter lecker hat Mittagessen gekocht.

Sie fragt: „Möchtest Nachtisch du gerne Spaghetti?"

Nach bei dem Essen mache ich meine Hausaufgaben.

Ich müde würde vorher noch gerne spielen.

Aber ich fange lieber gleich mit der Arbeit an schnell.

Mir gefällt Rechnen schön am besten.

Zuerst schreibe ich Wörterübungen ins Heft voll.

Zwischendurch Durst hole ich mir ein Glas Wasser.

Meine Schwester fragt durch die Tür: „Spielen wir nachher Garten
zusammen?"

Mama ruft, ob ich schon schreiend fertig bin.

In diesem Moment klettert meine Katze Molli auf schnell meinen Schoß.

Endlich bin ich spielen fertig.

Jetzt gehe ich raus Spielplatz.

Die Sonne scheint noch hell Himmel.

Wir dürfen draußen bleiben, bis es dunkel toll wird.

Streiche die Wörter
ordentlich mit einem
Lineal durch.

① **Hier sind zwei Rezepte durcheinandergeraten.**
Unterstreiche: Schoko-Obst = braun
Salat mit Banane = gelb

Probiere doch mal die beiden Rezepte aus.

- Zutaten: Kopfsalat, 2 Bananen, Kräuter (tiefgefroren), Essig und Öl, Salz und Zucker

- Zutaten: 2 Mandarinen, 1 Apfel, Weintrauben, Vollmilchschokolade, Holzzahnstocher

- Weintrauben und Apfel waschen, Mandarinen schälen.

- Salat waschen und in Stücke zupfen.

- Die Weintrauben abzupfen, den Apfel entkernen und in Stücke schneiden, Mandarinen in Spalten teilen.

- Schokolade in Stücke brechen und in eine kleine Glasschüssel legen.

- Bananen schneiden und mit dem Salat in eine Schüssel geben.

- 2 Esslöffel Öl, 2 Esslöffel Essig, etwas Salz und einen Teelöffel Zucker verrühren.

- Dann einen mittelgroßen Topf zur Hälfte mit Wasser füllen und zum Kochen bringen. Die Schüssel mit den Schoko-Stücken vorsichtig ins Wasser setzen. So schmilzt die Schokolade.

- ½ Packung tiefgefrorene Kräuter unter die Salatsoße mengen.

- Das vorbereitete Obst auf Zahnstocher spießen und in die heiße Schokolade tauchen.

- Die Soße über den Salat geben und alles gut vermischen.

- Stücke nebeneinander auf Backpapier legen und abkühlen lassen, bis die Schokolade fest geworden ist.

- Zahnstocher im Obst stecken lassen, dann lässt es sich leichter essen.

❶ Leonie kann zurzeit nicht wie andere Kinder in die Schule gehen.
Vor drei Monaten wurde bei ihr ein Gehirntumor entdeckt.
Die Operation hat sie gut überstanden. Seitdem muss sie
immer wieder zu einer längeren Behandlung in die Kinderklinik
gebracht werden. Für ein bis zwei Stunden am Tag besucht sie
dann dort zusammen mit anderen Kindern die Klinikschule.

❷ In so einer Schule werden Schüler, die wegen ihrer schweren
Krankheiten nicht zu Hause bleiben können, unterrichtet.
Das sind zum Beispiel Kinder mit Krebserkrankungen, Diabetes und
Nierenerkrankungen. Ein Lehrer oder eine Lehrerin betreut bis zu
vier Kinder in einem eigens dafür eingerichteten Unterrichtsraum.
Manchmal wird ein Schüler sogar einzeln unterrichtet. Er lernt dann
oft in kurzer Zeit erstaunlich viel.

❸ In so einer Klasse sind nicht alle Kinder gleich alt. Sie kommen von
verschiedenen Schulen. Die kleinen Patienten fühlen sich oft unwohl
und können deshalb nicht so gut lernen. Es gibt aber häufig Zeiten,
in denen die Kinder auf dem Weg der Besserung sind. Dann freuen
sie sich sogar richtig auf das Lernen.
Unterrichtet werden nur die Fächer, die am wichtigsten sind: Deutsch,
Mathematik und Sprachen. Der Lehrer der Heimatschule, die Eltern
und oft auch die Mitschüler halten engen Kontakt. So ist der
Krankenhauslehrer meist gut informiert, was gerade durchgenommen
wird.

❹ Zurzeit ist Leonies Lehrer erkältet. Deshalb muss er einen
Mundschutz tragen, damit er Leonie und ihre Mitschüler nicht ansteckt.
Kranke Kinder haben oft nur ganz wenige Abwehrkräfte.
Durch den Mundschutz wird verhindert, dass Krankheitserreger
übertragen werden.

1 **Warum musste Leonie operiert werden?**

Sie hatte …

☐ … eine Blinddarmentzündung.

☐ … eine Nierenerkrankung.

☐ … einen Gehirntumor.

2 **Was ist eine „Schule für kranke Kinder"?**

☐ eine Klinikschule für alle Kinder

☐ eine Klinikschule für krebskranke Kinder

☐ eine Klinikschule für Kinder mit schweren Krankheiten

3 **Wie viele Unterrichtsstunden pro Tag erhält ein krankes Kind**

in einem Schulkrankenhaus? _____

4 **Mit welchem Wort wird der schulische Fortschritt eines einzeln**
unterrichteten Kindes beschrieben?

☐ riesig ☐ gewaltig ☐ erstaunlich ☐ beträchtlich

5 **Welche Personen halten oft guten Kontakt zum**
Krankenhauslehrer?

a) _____ b) _____ c) _____

6 **Welches Wort steht nicht im Satz? Vergleiche mit dem Text**
und streiche durch.

Zurzeit ist Leonies Lehrer stark erkältet.

7 **Welche Fächer werden in der Schule für kranke Kinder**
meist unterrichtet? Kreise diese Fächer ein.

DEUTSCHMUSIKKUNSTMATHEMATIKSPORTRELIGIONETHIKSPRACHEN

① Welche Sätze ergeben einen Sinn? Kreuze sie an.

Lies genau. Lass dich nicht täuschen, auch wenn es auf den ersten Blick leicht aussieht.

☐ Abends gehe ich ins Bett und ziehe meinen Schlafanzug aus.

☐ Meine Schwester Christian darf bei ihrer Freundin übernachten.

☐ Nach dem Weihnachtsfest kommt bald Silvester.

☐ Mein Vater ist schon lange Polizist und hat einen spannenden Beruf.

☐ Mamas beste Freundin ist 38 Jahre alt und heißt Marion.

☐ Im Winter kann man in unserer Gegend manchmal Schlitten fahren.

☐ Nach dem Monat Oktober kommt der Monat November.

☐ Nach dem Monat Dienstag kommt der Monat Mittwoch.

☐ Oma macht den Fernseher aus und setzt sich gemütlich davor.

☐ In einem Schreibwarengeschäft kann man Stifte und Nägel kaufen.

☐ Der Zug fährt am Bahnhof los, während die Leute einsteigen.

☐ Mit einem Thermometer kann man Temperaturen messen.

☐ Mario schießt beim Fußballspiel am Sonntag ein Tor ins Aus.

☐ In diesem Sommer fahren wir nach Südtirol zum Bergsteigen.

☐ Beim Gemüsehändler kaufe ich ein Kilo Winterstiefel.

☐ Papa verstaut Schraubenzieher und Hakennase im Werkzeugkasten.

☐ Im Hochsommer treffen wir uns gerne am See zum Schwimmen.

☐ Im Winter frühstücken meine Familie und ich immer auf dem Balkon.

☐ Spülmaschine und Bügeleisen sind elektrische Haushaltsgeräte.

☐ Aus dem Radio ertönt ein lustiges Lied, bei dem ich gleich mitsinge.

☐ Am Abend, wenn die Sonne aufgeht, lege ich mich zum Schlafen hin.

☐ Im Radio höre ich mir gerne spannende Filme über Tiere an.

1 Die Lehrerin Frau Hanser hat ihre Schüler umgesetzt.
So sieht nun die erste Reihe aus. Trage die Namen der Kinder
richtig in die Namensschilder ein. Male die Dinge dazu,
die du aus den Sätzen noch erfährst.

Löse die Aufgabe vorher auf
einem leeren Blatt Papier.

Marc sitzt zwischen Murat und Luis. Er hat einen Schal um.

Sofia hat einen Lockenkopf und sitzt am mittleren Tisch.

Mona sitzt neben Lisa. Sie hat lange Zöpfe.

Murat hat nur einen Nachbarn. Er hat seine Pudelmütze noch auf.

Lisa sitzt auf dem Bild links außen und trägt ein Stirnband.

Das Kind zwischen Sofia und Marc hat vor Aufregung ganz rote Backen.

Rotbackig und saftig hängen im Herbst
die Äpfel an den Bäumen. Sie warten
nur noch darauf, gepflückt zu werden.
Viele Äpfel liegen aber auch am Boden.
Sie haben braune Flecken und Löcher,
an denen schwarze Krümelchen kleben.
Schneidest du so einen Apfel auseinander,
entdeckst du einen kleinen Gang, der von
außen bis hinein ins Kerngehäuse führt.
Durch diesen sogenannten „Fraßgang"
hat sich eine kleine Raupe gefressen und
es sich im Apfelinneren gemütlich gemacht.

Mitte Mai bis Anfang Juni legen die weiblichen Falter des „Apfelwicklers"
jeweils 60 bis 100 Eier an Blättern und jungen Früchten von Obstbäumen ab.
Aus jedem Ei schlüpft nach etwa ein bis zwei Wochen eine kleine Raupe. Sie
krabbelt etwa zwei bis drei Tage auf den jungen Früchten herum,
bis sie sich schließlich durch die Schale bohrt, um sich dann zielstrebig
bis zum Kerngehäuse durchzufressen. Dabei scheidet sie kleine,
schwarze Kotkügelchen aus, die du sicher schon einmal in einem Apfel
entdeckt hast.

Vier Wochen lang wohnt nun das Tierchen im Inneren der Frucht.
Es futtert sich mit Apfelfleisch so richtig voll. Dabei entwickelt es sich
zu einer etwa 20 mm großen Raupe. Nun verlässt die ausgewachsene Raupe
wieder die Frucht. An einem seidenen Faden seilt sie sich dann
auf die Rinde des Baumes ab und verkriecht sich.

Unter der Rinde verpuppt sie sich. Im Spätsommer oder sogar erst
im nächsten Frühjahr schlüpft aus der Puppe ein Schmetterling.
Es ist ein Nachtfalter mit silbergrauen Flügeln, der sogenannte „Apfelwickler".
Die weiblichen Falter legen Eier. Nun beginnt der Kreislauf von Neuem.

1 **Wie entwickelt sich ein Apfelwickler?**
Nummeriere in der richtigen Reihenfolge.

_____ Aus jedem Ei schlüpft nach etwa ein bis zwei Wochen
eine kleine Raupe.

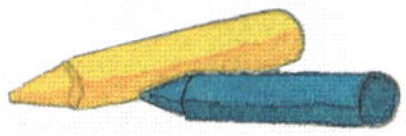

_____ Im Spätsommer, oder sogar erst im nächsten Frühjahr,
schlüpft aus der Puppe ein Schmetterling.

_____ Dabei entwickelt sie sich zu einer etwa 20 mm großen Raupe.

1 Mitte Mai bis Anfang Juni legen die weiblichen Falter
jeweils 60 bis 100 Eier an Obstbäumen ab.

_____ Nun verlässt die ausgewachsene Raupe den Apfel.
An einem seidenen Faden seilt sie sich auf die Rinde
des Baumes ab und verpuppt sich.

_____ Die kleine Raupe bohrt sich durch die Schale des Apfels
und frisst sich zielstrebig zum Kerngehäuse durch.

_____ Vier Wochen lang wohnt nun das Tierchen im
Inneren der Frucht.

Schau im Internet, ob
du ein Bild von einem
Apfelwickler findest.

2 **Verbinde die Entwicklung des Apfelwicklers mit Pfeilen.**

Apfelwickler

Ei   Raupe

Puppe

In meinem Kinderzimmerkleiderschrank ist
eine schreckliche Unordnung. Neben dem
Fürdieschulekleid liegt mein Sonntagsausgehkleid
und neben meiner Rodelundskihose befindet sich
meine Wasserplanschundschwimmhose.

Wenn ich nicht bald aufräume, finde ich gar nichts mehr!
Gestern zum Beispiel habe ich meine
Einfachnursozumaufsetzenmütze gesucht,
aber nur meine Hältdieohrenwarmmütze gefunden.
Dabei brauche ich diese Mütze doch nur im Winter,
genauso wie meine Fingerwarmhaltehandschuhe.
Anders ist das mit meinen Radfahrvordemhinfallenschutzhandschuhen.
Die erfüllen einen ganz bestimmten Zweck und ich kann sie nur
zu bestimmten Zeiten anziehen.
Hingegen kann ich meine Alletagewohlfühlhose immer brauchen.

Sie liegt im Schrank ganz unten, direkt neben
dem Lieblingsrotpullover. Aber wo ist
meine Nurwennesseinmussanziehhose?
Und wer hat meinen
Vonderschwesterschenkpulli gesehen?

Vielleicht sollte ich mir heute Nachmittag
einmal Zeit zum Aufräumen nehmen.
Dann tauchen sicherlich auch wieder meine
Mamastrickwollsocken, mein Fußballdabeihabeschal
und mein Besonderswarmunterhemd auf.
Jetzt, wo es allmählich wieder kälter wird, kann ich
das alles gut brauchen. Außerdem möchte ich morgen
meine Rotundweißpunktbluse anziehen.
Am besten ich fange sofort an, aufzuräumen. Dann wird
aus meinem Totalchaoskinderzimmerkleiderschrank
vielleicht wieder ein Sofortfindekinderzimmerkleiderschrank.
Das wäre doch gar nicht so schlecht, oder?

1 Warum heißt die Geschichte
„Kinderzimmerkleiderschrankunordnung"?

☐ Weil das Kind in der Geschichte einen neuen Kleiderschrank möchte.

☐ Weil das Kind in der Geschichte seinen Kleiderschrank aufräumen will.

☐ Weil das Kind in der Geschichte keine Lust zum Aufräumen hat.

2 Unterstreiche alle Kleidungsstücke im Text.

Wie viele Kleidungsstücke sind es? _____

Nicht alle zusammen-
gesetzten Wörter sind
Kleidungsstücke!

3 Im Text steht: „Die erfüllen einen ganz bestimmten Zweck
und ich kann sie nur zu bestimmten Zeiten anziehen."
Welches Kleidungsstück ist damit gemeint?

☐ die Radfahrschönwetteranziehhandschuhe

☐ die Radfahrvordemhinfallenschutzhandschuhe

☐ die Fingerwarmhaltehandschuhe

Welchen Zweck erfüllen sie?

☐ Sie schützen die Hände vor Regen und Kälte.

☐ Sie schützen die Hände bei einem Sturz.

4 Aus wie vielen Einzelwörtern bestehen diese Kleidungsstücke im Text?

Bluse: _____   Schal: _____   Socken: _____

5 Welche dieser Hosen kommen nicht im Text vor? Streiche sie durch.

● eine Hose, die man nur anzieht, wenn es unbedingt nötig ist

● eine Hose, die man gerne jeden Tag anzieht

● eine Hose, die man nur in die Schule anzieht

● eine Hose, die man draußen im Schnee anzieht

● eine Hose, die man zum Baden anzieht

● eine Hose, die man nur am Sonntag anzieht

Wolfgang Amadeus Mozart war einer der berühmtesten Komponisten der Welt. Er hieß eigentlich Johannes Chrysostomus Wolfgangus Theophilus Mozart. Aber von seiner Familie wurde er nur „Wolferl" genannt. Er wurde 1756 in Salzburg geboren. Zusammen mit seiner Schwester „Nannerl" wuchs er in einer sehr musikalischen Familie auf. Vater Leopold war Musiklehrer und unterrichtete beide Kinder selbst. Mozart war ein besonderes Kind. Bereits mit vier Jahren lernte er Klavier. Mit sechs Jahren spielte er auch noch wunderbar Geige und komponierte schon selber kleine Musikstücke. Er war so erfolgreich, dass er in diesem Alter öffentliche Auftritte in Österreich und in einigen Städten Europas hatte. Als Jugendlichen bestellte man ihn sogar zum Konzertmeister in Salzburg.

Mozart verbrachte insgesamt über zehn Jahre seines kurzen Lebens auf Konzertreisen quer durch Europa. Damals gab es noch keine Autos. Deshalb mussten die Menschen sich in unbequemen Kutschen durchschütteln lassen und auf den Wegstrecken in einfachen Wirtshäusern übernachten. Durch seine Reisen wurde Mozart in ganz Europa berühmt. Damals waren die Menschen auch anders gekleidet. Man trug z. B. Perücken. Diese waren hinten zu einem Zopf geflochten, der von einer Schleife gehalten wurde. Noch heute nennt man diese Art von Frisur „Mozartzopf". Die Frauen trugen Kleider mit Reifröcken, die Männer Kniehosen und seidene Strümpfe.

Mozart schrieb in seinem Leben über 600 Musikstücke. Zu den berühmtesten Werken gehören die „Kleine Nachtmusik" und die Oper „Die Zauberflöte". Aber trotz seines Erfolges schaffte Mozart es nicht, reich zu werden. Verarmt starb er mit nur 35 Jahren an einer unheilbaren Krankheit. Sein Geburtshaus in Salzburg kann man heute besichtigen, es ist ein Museum.

1 Der Text kann in sechs Abschnitte gegliedert werden.

   a) Nummeriere die Überschriften für die einzelnen Abschnitte in der Reihenfolge, wie sie im Text vorkommen.

      Achtung! Zwei Überschriften sind falsch!

___ Mozarts Lebensende		___ Mozart Wunderkind
___ Was aß Mozart am liebsten?		___ Wer war W. A. Mozart?
___ Berühmte Werke		___ Mozart auf Reisen
___ Kleidung zur Zeit Mozarts		___ Mozart in Wien

   b) Zeichne Rahmen um die sechs Abschnitte.

> Hör dir doch mal eine Mozart-CD an.

2 Wie heißt das gesuchte Wort, das sich hinter dem Unsinnswort verbirgt?

Mozart kuddelte viele bekannte Werke.
Bereits als Kind kuddelte er kleine Stücke.

Das gesuchte Wort heißt: _____

3 Für die unterstrichenen Wörter findest du andere Formulierungen im Text. Schreibe sie dahinter.

… spielte er auch noch <u>fantastisch</u> Geige … _____

… war einer der <u>bekanntesten</u> Komponisten … _____

… trotz seines <u>Ruhms</u> schaffte Mozart … _____

4 Wie oft kommt „Mozart" als Wort und Wortteil auf der Seite 44 vor?

___ mal

Samstag, 11. Januar

ARD	ZDF	KIKA
10.03 Frau Holle TV-Märchen D 2008	**9.15 ZDF Sport Extra** Weltcup-Riesenslalom aus Garmisch	**8.55 Siebenstein**
11.00 Kopfball Wissenssendung	**11.30 Scooby Doo 2** Die Monster sind los Fantasykomödie USA 2004	**9.25 Kleiner roter Traktor** Zeichentrickserie
11.30 Die Sendung mit der Maus	**12.55 heute** Nachrichten	**10.00 Benjamin: bärenstark!** Zeichentrickserie
12.00 Tagesschau Nachrichten	**13.05 Frankreich – Land der Genüsse** Kochsendung	**10.30 logo!** Kindernachrichten
12.10 Seehund, Puma & Co. Zoodokumentation	**13.35 Die wilden Hühner** Kinderkomödie nach Cornelia Funke, D 2006	**10.45 Löwenzahn** Fritz geht den Geheimnissen des Telefons auf den Grund
13.00 Asterix und die Wikinger Zeichentrick, F/DK 2006	**15.10 Michel** Kinderabenteuer, S 1972	**11.30 Die Sendung mit der Maus**
14.50 Weltreisen – Winter in Lappland	**16.30 heute** Nachrichten	**12.00 Dornröschen** TV-Märchenfilm, D 2008
15.20 Europamagazin aktuelle Berichte aus Europa	**16.40 Wetter**	**13.20 Das fliegende Klassenzimmer** Kinderklassiker, D 2003

 Lies dir die Programmseite mehrmals durch.

1 Wie heißt die Sendung, in der Fritz Geheimnissen auf den Grund geht?

_____

2 Wie heißt die Sendung, die Kindernachrichten bringt?

_____

3 Welche Märchenfilme kommen an diesem Tag?

_____

4 Auf welchem Sender gibt es einen Wetterbericht?

_____

5 Wer hat das Buch zum Film „Die wilden Hühner" geschrieben?

_____

6 Auf welchen Sendern kann man „Die Sendung mit der Maus" sehen?

_____

7 Um welche Art von Sendung handelt es sich bei „Kopfball"?

_____

8 Wie heißt die Nachrichtensendung im ZDF?

_____

9 In welchem Land und in welchem Jahr wurde „Scooby Doo 2" gedreht?

_____

10 Mama verreist gerne. Welche Sendung möchte sie nicht verpassen?

_____

11 Oma möchte neue Rezepte ausprobieren. Was möchte sie sehen?

_____

12 Welcher Film dauert 1 Stunde und 50 Minuten?

_____

1 _____

Seit ungefähr 3000 Jahren gibt es auf allen Meeren dieser Welt Piraten.
Sie warten überall dort, wo Handelsschiffe reich mit Waren beladen
unterwegs sind. Im geeigneten Moment rauben und plündern sie
mit Gewalt ein Schiff.

2 _____

In Deutschland wurden Piraten auch „Seeräuber" genannt. Die Griechen
gaben ihnen den Namen „Peirates". Bei den Römern bezeichnete man sie
als „Piratae". Die „Wikinger" trieben in der Nord- und Ostsee ihr Unwesen.
Die vorherrschenden Piraten der nordafrikanischen Küste waren
die „Korsaren".

3 _____

Früher schlossen einige Könige mit den Seeräubern Verträge. Sie gaben
ihnen sogenannte „Kaperbriefe" und beauftragten sie damit, Handelsschiffe
oder feindliche Kriegsschiffe anzugreifen und auszurauben. Die Piraten
wurden nicht bestraft und durften die Hälfte der Beute behalten. Der König
nahm sich die andere Hälfte und das erbeutete Schiff. Allerdings hielten
sich die Piraten nicht immer an die Abmachungen.

4 _____

Handelsschiffe waren früher große, schwer beladene Segelschiffe.
Um diese einzuholen, benötigten die Piraten schnelle, wendige Boote.
Mit zweimastigen Segelschiffen fuhren sie dicht an die ausgespähten
Schiffe heran. Dann warfen sie schnell den Enterhaken hinüber und
schwangen sich mit langen Seilen auf das Deck.

5 _____

Heutzutage sind Piraten mit modernen Schnellbooten unterwegs.
Gewaltsam zwingen sie die großen Schiffe zum Anhalten. Sie sind
nicht mehr an der Ladung interessiert, sondern lassen das Schiff
nach Erhalt von Lösegeld weiterfahren.

(zitiert nach www.kidsweb.de)

1 Welche Überschriften passen zu den einzelnen Textabschnitten? Ordne sie zu und schreibe sie auf die Zeilen.

- Piratenraubzüge früher (T)
- Piraten mit königlicher Erlaubnis (U)
- Piraten, die Räuber auf den Meeren (B)
- Piraten haben viele Namen (E)
- Moderne Piraten (E)

Lösungswort: __ __ __ __ __
           1 2 3 4 5

2 Wie lauten weitere Namen für das Wort „Piraten"?

a) _____ b) _____ c) _____

d) _____ e) _____

3 Wie wurden die Verträge zwischen Königen und Piraten genannt?

_____

4 Wie heißt der Haken, mit dem die Piraten ein Schiff überfallen?

☐ Entenhaken ☐ Entenhacken ☐ Enterhacken ☐ Enterhaken

5 Wie viele Masten hatte ein Piratenschiff?

☐ 1 Mast ☐ 2 Masten ☐ 3 Masten ☐ 4 Masten

6 Wodurch unterscheiden sich „frühere Piraten" von „modernen Piraten"?

Frühere Piraten interessierten sich für die _____

eines Schiffes. Moderne Piraten verlangen _____.

Eine kleine Maus sprang fröhlich um einen schlafenden Löwen herum. Da er sich nicht rührte, begann sie sogar, auf ihm herumzutanzen. Als sie gerade auf seiner Pranke saß, wurde der König der Tiere wach und packte sie. Er wollte die Maus auffressen.

„Ich bitte dich", flehte die zappelnde Maus, „verschone mein Leben! Was würde mein Tod dir nützen? Ich bin doch nur ein kleiner Happen für dich. Wenn du mir das Leben schenkst, werde ich mich dankbar erweisen."

Da lachte der Löwe. Er betrachtete das kleine Tier eine Weile, ließ es dann aber los und dachte bei sich: „Wie wird so ein winziges Wesen wohl dem König der Tiere seinen Dank erweisen können?"
Die Maus rannte erleichtert davon, während ihr der Löwe noch lange schmunzelnd nachsah. Nach einiger Zeit jedoch verfing der Löwe sich in den Netzen von Jägern. Selbst mit aller Kraft, die ihm die Angst verlieh, vermochte er sich nicht mehr aus den Schlingen zu befreien.
Da kam die Maus angelaufen und nagte emsig mit ihren scharfen Zähnen eine der Maschen entzwei. Es war zwar nur eine einzige Masche, aber dadurch begannen sich die anderen zu lösen. Der Löwe konnte so seine Fesseln zerreißen und entkommen.

(nach Äsop)

50

1 **Wie wird der Löwe in der Geschichte bezeichnet?**

☐ König der Tiere ☐ König der Löwen

☐ König der Steppe ☐ Mäusekönig

2 **Wer hat den Löwen gefangen?**

☐ Schlingenleger ☐ Jäger ☐ Wilderer ☐ Tierfänger

3 **Verbinde Satzanfang und Satzende richtig.**

Die Maus rettet den Löwen … ⊃ ⊂ … und zeigt sich großherzig.

Der Löwe lässt die Maus frei … ⊃ ⊂ … und hält das Versprechen.

Die Jäger haben das Nachsehen … ⊃ ⊂ … und ihnen entwischt die Beute.

4 **Was wäre passiert, wenn der Löwe die Maus gefressen hätte?**

☐ Er wäre satt gewesen.

☐ Er wäre an der Maus erstickt.

☐ Die Maus hätte ihm später nicht helfen können.

☐ Der Löwe wäre den Jägern nicht ins Netz gegangen.

5 **Unterstreiche die Eigenschaften der Maus rot und die des Löwen blau.**

leichtsinnig   großmütig   hilfsbereit   majestätisch   ungläubig   flink

6 **Welche Lehre kannst du aus der Geschichte ziehen?**

☐ Man soll sich nicht auf andere verlassen.

☐ Auch Kleinen kann man etwas zutrauen.

☐ Kleine brauchen nur große Freunde.

7 **Welche Eigenschaften treffen auf <u>Maus und Löwe</u> zu? Kreise sie ein.**

hilflos   feige   dankbar   erleichtert

verzweifelt   übermütig   frech   langweilig

Fußball ist die beliebteste Sportart auf der ganzen Welt. In Europa spielten die Menschen bereits im Mittelalter Fußball. Damals gab es noch kein begrenztes Spielfeld, keine Tore und keine festgelegten Regeln. Bei einem Spiel trugen benachbarte Dörfer heftige Kämpfe gegeneinander aus. Jeder durfte mitspielen und versuchen, den Ball ins gegnerische Dorf hineinzuschießen.

Erst im Jahre 1863 wurde in England die erste Fußballvereinigung gegründet. Auf den Spielfeldern ging es immer noch ziemlich ruppig zu. Untereinander wurden Tritte und Faustschläge ausgeteilt. Der Verband legte deshalb erste verbindliche Fußballregeln fest. Im Jahre 1900 wurde in Deutschland „Der Deutsche Fußballbund" (DFB) ins Leben gerufen. Frauen durften damals noch nicht Fußball spielen. Das war ausschließlich ein Spiel für Jungen und Männer.

Seit der WM 1970 werden Verstöße mit der gelben oder roten Karte geahndet. Die vorschriftsmäßige Spielerbekleidung besteht aus einem Trikot, kurzer Hose, Schienbeinschonern, Stutzen und Fußballschuhen. Auf dem Spielfeld stehen sich zwei Mannschaften mit jeweils zehn Feldspielern und einem Torwart gegenüber.

Die Breite einer weißen Feldlinie beträgt höchstens 12 cm. Ein Spiel dauert zweimal 45 Minuten. Dazwischen liegt die Halbzeitpause von 15 Minuten. Das Gewicht des Fußballs ist mit maximal 450 Gramm festgelegt. Besonders merkwürdige Maße hat ein Fußballtor. Es ist 7,32 m breit und 2,44 m hoch. Das ergibt sich aus der Umrechnung aus dem englischen Maß: 8 „yard" mal 8 „feet".

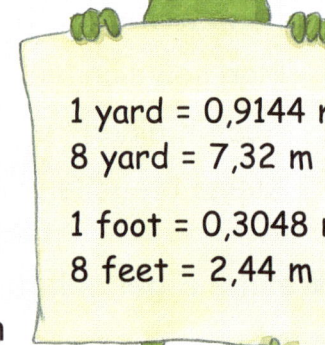

1 yard = 0,9144 m
8 yard = 7,32 m

1 foot = 0,3048 m
8 feet = 2,44 m

1 **Was tragen die Feldspieler bei einem Fußballspiel? Kreise ein.**

Fußballschuhe   lange Hose   Beinschienen   Schienbeinschoner

Trikot   Handschuhe   Stutzen   kurze Hose   Helm

2 **Welche Maße hat ein Fußballtor?**

Breite: _____   Höhe: _____

3 **Mit welcher Karte wird beim Fußballspiel ein Regelverstoß angezeigt?**

☐ rote oder grüne Karte   ☐ rote oder blaue Karte

☐ rote oder gelbe Karte   ☐ rote oder weiße Karte

4 **Was bedeutet beim Fußball die Abkürzung DFB?**

☐ Deutsches Fußballbett   ☐ Deutsches Fußballbein

☐ Deutsches Fußballband   ☐ Deutscher Fußballbund

5 **In welchem Land wurden vor ungefähr 150 Jahren die ersten Fußballregeln eingeführt?** _____

6 **Wie breit dürfen die weißen Feldlinien höchstens sein?**

☐ 12 dm   ☐ 12 m   ☐ 12 km   ☐ 12 cm   ☐ 12 mm

7 **Wie viel Zeit vergeht vom Anpfiff eines Spiels bis zum Abpfiff?**

☐ 70 Minuten   ☐ 90 Minuten   ☐ 105 Minuten

8 **Welches Gewicht dürfen zwei Fußbälle maximal haben?** _____

9 **Wie viele Feldspieler stehen bei einem Spiel auf dem Fußballplatz?**

☐ 10   ☐ 11   ☐ 20   ☐ 22   ☐ 24

Immer häufiger sieht man Schulkinder auf ihrem Schulweg mit einem Schulranzentrolley. Oft wird er nur kurz Schultrolley genannt und von den Kindern einfach hinter sich hergezogen. Nun ist Schluss mit der Schlepperei von schweren Schulranzen auf dem Rücken. In einer 3. Klasse wurde eine Umfrage durchgeführt. Die Kinder sollten sich äußern, ob sie so einen Schulranzen auf Rädern selbst benutzen würden. Sie sollten erklären, welche Gründe dafür oder dagegen sprechen.
Hier kannst du einige Meinungen dazu lesen:

Durch das einseitige Ziehen verdrehe ich mir bestimmt meine Wirbelsäule.

Niemals! Mit so einem Ding werde ich bestimmt von den anderen Kindern ausgelacht.

Ich denke, solche Schultrolleys sehen bestimmt sehr hässlich aus.

So etwas Blödes!

Viel zu schwer! Beim Treppensteigen muss ich dann mindestens noch 1 kg mehr hochschleppen!

Rollen statt schleppen, ich finde das toll!

So einen Trolley hinterherzuziehen, ist total praktisch!

Meine Schultasche wird jedes Jahr schwerer. Für mich wäre das ideal.

Ich finde solche Trolleys prima. Wenn man ihn abwechselnd links oder rechts zieht, ist es sicher auch ein gutes Rückentraining.

1 Wie wird der Schulranzen auf Rädern oft genannt?

☐ Schulrolley   ☐ Schulbolley   ☐ Schuldolley   ☐ Schultrulley

☐ Schultolley   ☐ Schullolley   ☐ Schultrolley   ☐ Schultralley

2 Welches Bild zeigt ein Kind
mit einem Schulranzentrolley?
Kreuze richtig an.

     ☐   ☐   ☐

3 Was wurde in der 3. Klasse durchgeführt?

☐ eine Meinungsabfrage   ☐ eine Meinungsanfrage

☐ eine Meinungswegfrage   ☐ eine Meinungsausfrage

☐ eine Meinungsumfrage   ☐ eine Meinungsvorfrage

positiv
bedeutet hier:
dafür sein

4 Welche Meinungen sprechen für den Trolley?
Male die positiven Aussagen in den
Sprechblasen farbig an.

5 Wie viele Kinder sind für, wie viele
Kinder sind gegen einen Schultrolley?
Zeichne die Balken richtig ein.

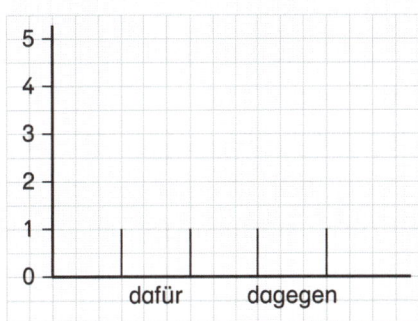

6 Welches Kind begründet seine Meinung nicht?
Schreibe diese Aussage auf.

Der Fuchs ist eine bekannte Tierart, die in vielen Ländern der Erde
zu Hause ist. In deutschen Wäldern finden wir den Rotfuchs vor.
Andere Fuchsarten wären zum Beispiel der Graufuchs, der Polarfuchs
oder der Andenfuchs. Der Graufuchs ist in Nordamerika anzutreffen,
der Polarfuchs in Kanada, der Andenfuchs in Südamerika.
Füchse sind Säugetiere. Das bedeutet, dass die Jungen nach ihrer
Geburt bei der Mutter Milch saugen und auf diese Weise Nahrung
erhalten. Die Füchsin trägt ihre Jungen ca. 50 Tage aus, ehe sie
geboren werden. Vier bis sechs Jungen erblicken dann das Licht
der Welt. Nach 12 bis 14 Tagen öffnen die Jungen erstmals ihre Augen.
Die Welpen (so nennt man die jungen Füchse) werden vier bis sechs
Wochen lang von der Mutter gesäugt. Nach ca. einem Monat verlassen
sie erstmals den Fuchsbau.

Der Rotfuchs wiegt zwischen fünf und sieben Kilogramm, wobei ein
männlicher Fuchs (genannt Rüde) schwerer wird als ein weiblicher
Fuchs (genannt Fähe).
Im Vergleich zur Körperlänge (ca. 70 cm) ist der Schwanz
des Rotfuchses (ca. 40 cm) relativ lang. Das Fell des Rotfuchses
ist auf der Oberseite rot, auf der Unterseite weiß.
Füchse ernähren sich von kleinen Beutetieren wie Mäusen.
Etwa 15 bis 20 Mäuse frisst der Fuchs pro Tag. Wenn er sich in
von Menschen bewohnten Gebieten aufhält, kann es sein, dass er
Mülltonnen nach Fleisch und anderer Nahrung durchwühlt.
Manchmal holt er sich auch eine Gans bei einem nahe gelegenen
Bauernhof. Natürliche Feinde des Fuchses sind der Steinadler oder
der Luchs. Der größte Feind des Fuchses ist jedoch der Mensch.
Viele Füchse kommen durch die Jagd ums Leben.

1 **Auf welchem Bild ist der Rotfuchs abgebildet? Kreise ein.**

2 **Wahr oder falsch? Kreuze richtige Aussagen an.**

Achtung! Lies im Text genau nach. Manchmal musst du gut überlegen.

☐ Die Rüde bringt vier bis sechs Jungen pro Wurf zur Welt.

☐ Die Welpen ernähren sich die ersten 28 bis 42 Tage von Milch.

☐ Fuchswelpen leben in den ersten vier Wochen im Fuchsbau.

☐ Der Schwanz des Rotfuchses ist ca. 30 cm kürzer als der Körper.

☐ Füchse essen kein Tier, das sie nicht selbst gejagt haben.

☐ Die Fuchswelpen verlassen nach etwa 60 Tagen den Fuchsbau.

☐ Füchse können die ersten zwei Wochen nach ihrer Geburt nicht sehen.

☐ Der Rotfuchs hat seinen Namen aufgrund seiner Fellfarbe.

☐ Die Unterseite des Fells ist beim Rotfuchs rötlich.

☐ Steinadler können Füchse erlegen.

☐ Die Welpen wachsen im Bauch der Rotfuchsfähe knapp vier Monate heran.

☐ Bis zu 140 Mäuse frisst ein Fuchs pro Woche.

☐ Die größte Bedrohung für die Füchse stellen Menschen dar.

3 **Verbinde Land und Fuchsart.**

Die Anden sind ein Gebirge.

Graufuchs ○   ○ Kanada

Rotfuchs ○   ○ Südamerika

Andenfuchs ○   ○ Nordamerika

Polarfuchs ○   ○ Deutschland

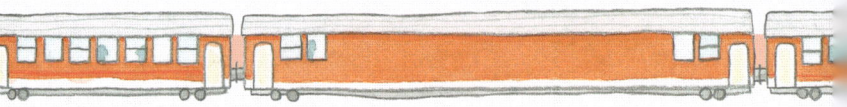

So ein Betrieb wie heute war schon lange nicht mehr gewesen!
Bereits morgens um 8 Uhr kamen die ersten Kunden zu Frau Bause,
der netten Dame am Bahnschalter.

„Einmal nach Köln und zurück", sagte ein junger, schlanker Herr
mit Brille. Er zückte seinen Geldbeutel und zahlte den Preis für
die Bahnfahrkarten. Dann packte er seine rechteckige, schwarze
Tasche und eilte davon.

Gleich hinter dem Herrn stand eine junge Dame mit Hut und
blauer Tasche in der Reihe und fragte: „Was kostet eine Fahrt
nach Düsseldorf am Wochenende?" Frau Bause erteilte freundlich
Auskunft. Die Dame stellte ihre Tasche ab und kaufte die Fahrkarte.
Wenig später war sie samt ihrer Tasche wieder verschwunden.
Kurz darauf kam ein altes Ehepaar an den Schalter. Die Dame
trug einen Regenschirm und eine grüne Tasche, der Herr führte
einen kleinen Hund mit sich. Sie kauften zwei Fahrkarten für
den Sonderzug nach Hamburg. Gemächlich gingen sie mit Hund
und Schirm wieder davon.

Nervös fragte kurz darauf ein vornehmer Herr mit einer auffallenden,
blauen Krawatte und einer kleinen, blauen Herrentasche:
„Können Sie mir schnell zwei Tickets für den ICE nach Mailand
für heute Nachmittag geben?" Natürlich konnte Frau Bause das!
Der Herr nahm Geld aus der Tasche, bezahlte die Tickets
und lief mit den Fahrkarten und dem Geldbeutel in der Hand davon.
Ein dicker Herr mit Glatze stellte krachend seine blaue Aktentasche
auf die Schalterablage. „Bitte eine Fahrkarte für den Regionalzug
nach Kassel!", sagte er. Als er davonging, beobachtete
Frau Bause, wie die schwere Aktentasche den Arm des Mannes
nach unten zog.
Doch sie hatte wenig Zeit zum Beobachten, weil das alte Ehepaar
noch einmal zurückkam. Sie hatten nämlich etwas vergessen.

1 **Was hat das alte Ehepaar vergessen?**

_____

2 **Nachdem Frau Bause dem alten Ehepaar sein Eigentum wieder-
gegeben hatte, entdeckte sie etwas: Auf der Bahnschalterablage
lag noch eine Tasche. Wer hatte die vergessen? Kreuze an.**

☐ junger Herr mit Brille

☐ Dame mit Hut

☐ Frau Bause

☐ altes Ehepaar

☐ Herr mit Krawatte

☐ Herr mit Glatze

> Unterstreiche im Text die Kunden und was sie dabei haben.

3 **Wie viele Personen hatten eine blaue Tasche dabei?**

_____ Personen

4 **Welche Dinge gehören zu wem?
Male in der gleichen Farbe an.**

| junger Herr | altes Ehepaar | dicker Herr | junge Dame | vornehmer Herr |

Brille

Aktentasche

Hund

Krawatte

Hut

grüne Tasche

Regenschirm

schwarze Tasche

A   Die Party-Idee!

Feiere deinen Geburtstag in der Pizzeria. Du wirst mit deinen Freunden Pizza backen. Jeder kann sie nach seinen Vorstellungen belegen. Zur Begrüßung erhält jeder einen Kindersekt. Pro Kind ist noch ein weiteres Getränk frei. Anschließend machen wir Spiele. Ein Fotograf schießt während des Festes Bilder und fertigt ein Erinnerungsalbum für das Geburtstagskind an.

- Mindestens 8 Kinder zwischen 6 und 10 Jahren sollten es sein.
- Dauer: ca. 3 Stunden, samstag- oder sonntagmittags
- Kosten: je Teilnehmer 15 €
- Infos unter www.paolinospizzaparty.de oder unter Telefon 0 81 73 / 8 42 37

B   Geburtstagsspaß ohne Ende!

Unser großer Indoor-Spielplatz erwartet dich und deine Geburtstagsgäste. In einer Halle von 2 500 qm gibt es Platz zum Toben und Spielen. Es erwarten euch z. B.: Riesenhüpfburgen, ein Bungee-Trampolin, Spieletische, ein Labyrinth, Ballbecken, Kletterwände, Spiralenrutschen und mehr. Kostenlos für alle: eine Saftbar und Popcornautomaten! Wir organisieren auch betreute Spiele. In dieser Zeit können eure Eltern im angrenzenden Café entspannen.

Weitere Informationen:
Kinderland Miramix, täglich geöffnet von 10 bis 18 Uhr, für Kinder ab 8 Jahren
Ganztagesticket: Kinder 7,50 €, Erwachsene 3 €
Mehr unter Tel.: 0 97 63 / 24 34 27

C   Dino-Museum öffnet Türen für Geburtstagsfeste!

Der informative Kindergeburtstag! Wer will nicht einen spannenden und lehrreichen Geburtstag bei uns verbringen? Für Kinder zwischen 5 und 9 Jahren machen wir besondere Geburtstagsführungen. Gruppenstärke: maximal 20 Kinder! Nach der Führung gibt es die Möglichkeit, mitgebrachte Speisen und Getränke in unserer Cafeteria zu verzehren. Danach geht es weiter mit einem bunten Programm: Spielen, Malen, Basteln oder Forschen nach Lust und Laune.
Das musst du wissen:

- 2 Erwachsene können kostenlos als Begleiter mit dabei sein
- Führung mit anschließendem Programm: 110 €
  (incl. Material und kleinem Geschenk)
- Mo – Fr 14 bis 17 Uhr und Sa / So 10 bis 13 Uhr

Anmeldung erbeten im Naturkundemuseum Oberreith, Telefon: 0 82 31 / 90 98 97

60

Bei den Aufgaben 2 bis 4 reicht es, wenn du den entsprechenden Buchstaben aus der Anzeige als Antwort notierst (A, B oder C).

1 **Was wird bei den Anzeigen nicht angeboten? Streiche durch.**

- Geburtstag im italienischen Restaurant
- Kindergeburtstag im Cineplex-Kino
- Party im Dino-Zoo Hellabrunn
- Geburtstag in einer großen Spielehalle
- Badespaß-Fete im Wellenschwimmbad

2 **Welchen Veranstalter kann man im Internet besuchen?** _____

3 **Hanna wird 10 Jahre alt. Welches Programm fällt für sie weg?** _____

4 **Jedes Kind hat an einer der drei Veranstaltungen teilgenommen. An welcher? Notiere A, B oder C in die Kästchen.**

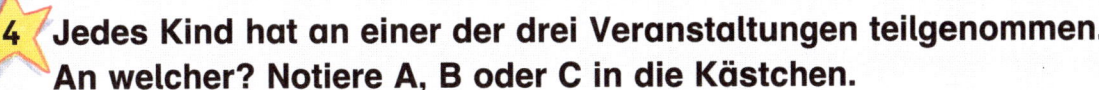

Wir waren am Schluss mit Mehl gepudert. ☐

Wir haben ein kleines Geschenk bekommen. ☐

Wir wurden von einem Fotografen geknipst. ☐

Unsere Eltern haben es sich nebenan bei Kaffee und Kuchen gut gehen lassen. ☐

Wir waren bis 18 Uhr bei der Party! ☐

Wir haben gebastelt und etwas über die Natur früher herausgefunden. ☐

Eines Tages beschlossen die Bürger der kleinen Stadt Schilda,
ein Rathaus zu bauen. Es sollte ein ganz besonderes sein.
Dreieckig wollten es die Schildbürger haben, um möglichst
viele Besucher in die Stadt zu locken. Die Männer packten an
und mauerten Stein um Stein aufeinander. Innerhalb kürzester Zeit
war das Gebäude fertig. Es gab eine feierliche Eröffnung.
Doch dabei wurden erste Stimmen laut: „Es ist ziemlich dunkel hier drinnen!"

Die Schildbürger überlegten, wie sie es im neuen Rathaus heller
machen könnten. Einer von ihnen sagte: „Licht ist doch eines der Elemente –
so wie Wasser auch! Also können wir es ebenso wie Wasser mit Eimern
in das Rathaus tragen." Sogleich rannten die Bürger los. Sie holten
Eimer, Beutel, Säcke, Schubkarren und mehr. Damit sammelten sie
draußen Licht ein und entleerten es ins Rathaus. Doch komisch,
das neue Bauwerk blieb stockdunkel. Die Leute verstanden
die Welt nicht mehr.
Da kam ein anderer Schildbürger auf die Idee, das Dach einfach
abzudecken. Gesagt – getan! Endlich gab es Licht im Rathaus.
Im Herbst aber wurde es ungemütlich im Rathaus. Es regnete
und stürmte, sodass der Bürgermeister und seine Mitarbeiter
ständig nass wurden. Und im eisig kalten Winter konnte keiner
mehr in dem Gebäude arbeiten. So wurde eben das Dach wieder zugedeckt.
Jetzt war es aber erneut stockfinster in dem Bau.
Eines Morgens rief ein besonders Schlauer: „Wir haben bei unserem
Rathaus ja die Fenster vergessen!" Alle Schildbürger kamen
angelaufen und erkannten den Fehler.
Deshalb wurde das Rathaus von Schilda berühmt – und zwar
nicht wegen seiner dreieckigen Form!

(nach Karl Simrock)

① **Markiere die 20 Unterschiede in diesem Text.**

Eines Morgens beschlossen die Bürger der kleinen Stadt Schilda,
ein Rathaus zu bauen. Es sollte ein ganz besonderes sein.
Fünfeckig wollten es die Leute haben, um möglichst viele Besucher
in die Stadt zu locken. Die Männer packten an und mauerten Stein
auf Stein aufeinander. Innerhalb kürzester Zeit war
das Gebäude fertig. Es gab eine Eröffnungsfeier. Doch dabei
wurden erste Stimmen laut: „Es ist ziemlich duster hier drinnen!"

Die Schildbürger überlegten, wie sie es im neuen Rathaus heller
machen könnten. Einer von ihnen sprach: „Licht ist doch eines
der Elemente – so wie Wasser auch! Also können wir es genauso
wie Wasser mit Eimern in das Rathaus tragen." Sofort rannten die Bürger
los. Sie holten Eimer, Säcke, Beutel, Schubkarren und mehr.
Damit sammelten sie draußen Licht ein und leerten es ins Rathaus.
Doch komisch, das neue Bauwerk blieb stockfinster. Die Leute
verstanden die Welt nicht mehr.
Da kam ein anderer Schildbürger auf die tolle Idee, das Dach
einfach abzudecken. Gesagt – getan! Endlich gab es Helligkeit
im Rathaus. Im Herbst aber wurde es ungemütlich im Rathaus.
Es regnete und stürmte, sodass der Bürgermeister und seine
Ratsleute ständig nass wurden. Und im eisig kalten Winter konnte
keiner mehr in dem Haus arbeiten. So wurde eben das Dach
wieder zugedeckt. Jetzt war es aber erneut stockfinster
in dem Gebäude.
Eines Morgens rief ein besonders Kluger: „Wir haben bei unserem
Rathaus ja alle Fenster vergessen!" Alle Schildbürger kamen
angelaufen und erkannten den Fehler.
Deshalb wurde das Rathaus von Schilda berühmt – und zwar
nicht wegen seiner dreieckigen Form!

(nach Karl Simrock)

Arbeite mit Bleistift, dann kannst du leichter verbessern.

1 **Was gehört zusammen? Notiere die Lösungsbuchstaben.**

#	Frage		Lösung	
1	Welcher Zahn ist nicht im Mund?		Federball	**B**
2	Welche Maus hat keine vier Beine?		Seepferdchen	**I**
3	Welcher Ball rollt nicht?		Zaunkönig	**S**
4	Welches Pferd kann man nicht reiten?		Löwenzahn	**D**
5	Welcher König hat kein Reich?		Computermaus	**U**
6	Wer hat Rücken und Flügel und läuft manchmal?		Nachtisch	**I**
7	Welche Ratte ist kein Nagetier?		Fingerhut	**N**
8	Welcher Tisch hat keine Beine?		Ohrmuschel	**R**
9	Welchen Hut setzt man nicht auf den Kopf?		Raumschiff	**T**
10	Welche Muschel lebt nicht in Gewässern?		Nase	**T**
11	In welchem Bett schläft man nicht?		Leseratte	**E**
12	Welches Schiff schwimmt nicht auf Wasser?		Nagelbett	**Ä**
13	Welcher Vogel hat keine Flügel?		das „F/f"	**E**
14	Was ist beim Fisch groß und beim Elefanten klein?		Scherzvogel	**S**
15	Welche Bilder sieht man nur im Dunkeln?		Schatten	**K**
16	Was geht mit mir Baden und wird nicht nass?		Sternbilder	**L**
17	Welcher Richter arbeitet bei keinem Gericht?		Geistesblitz	**I**
18	Wer hat einen Kopf und keine Füße?		Schiedsrichter	**Ö**
19	Welcher Blitz ist ungefährlich?		Purzelbaum	**G**
20	Welcher Baum hat keine Äste?		Nagel	**N**

_ !

1 2   3 4 5 6   7 8 9   10 11 12 13 14 15 16 17 18 19 20